François DESHOULIÈRES

ESSAIS HISTORIQUES ET GÉNÉALOGIQUES

SUR LE

CHATEAU DE L'ISLE-SUR-ARNON

ET SES SEIGNEURS

(Extrait du XXIIe Volume des *Mémoires de la Société des Antiquaires du Centre*).

BOURGES

TYPOGRAPHIE TARDY-PIGELET

IMPRIMEUR DE LA SOCIETÉ DES ANTIQUAIRES DU CENTRE

1899

ESSAIS HISTORIQUES ET GÉNÉALOGIQUES

SUR LE

CHATEAU DE L'ISLE-SUR-ARNON

ET SES SEIGNEURS

François DESHOULIÈRES

ESSAIS HISTORIQUES ET GÉNÉALOGIQUES

SUR LE

CHATEAU DE L'ISLE-SUR-ARNON

ET SES SEIGNEURS

(Extrait du XXIIe Volume des *Mémoires de la Société des Antiquaires du Centre*).

BOURGES

TYPOGRAPHIE TARDY-PIGELET

IMPRIMEUR DE LA SOCIÉTÉ DES ANTIQUAIRES DU CENTRE

1899

ESSAIS HISTORIQUES ET GÉNÉALOGIQUES

SUR LE

CHATEAU DE L'ISLE-SUR-ARNON

ET SES SEIGNEURS

Par François DESHOULIÈRES

« Tout ce qui vit longtemps a
« une histoire. »
(Vte D'AVENEL.)

I

LES PREMIERS SEIGNEURS DE L'ISLE — LES PREMIERS « DU MAS »

Le château de l'Isle-sur-Arnon est situé dans la commune de Touchay, sur les bords de la rivière à laquelle il a emprunté une partie de son nom. Cette place, importante sans doute pendant plusieurs siècles, ne conserve plus que la moitié de ses constructions primitives qui en faisaient alors un vaste quadrilatère composé de plusieurs corps de bâtiments aux murs épais, flanqués de tours, défendus par des meurtrières, couronnés de mâchicoulis et entourés de vastes douves, dérivation de l'Arnon, qui ont été comblées il y a environ trente ans.

Comme tous les châteaux du Berry, il a joué son rôle dans l'histoire locale, tant à cause des importantes situations qu'occupèrent plusieurs de ses seigneurs, qu'en raison de la valeur qu'avait toute place aux murs assez épais et aux fossés assez larges pour présenter un semblant de défense et d'abri à une époque où successivement, la guerre contre l'Anglais, la révolte contre le roi, la lutte contre l'hérésie, dissimulaient souvent le vol et le brigandage.

Quelque infimes que soient les faits qui se rattachent à l'histoire, par cela même qu'ils n'y sont pas étrangers, ils sont toujours dignes d'être recueillis, et plusieurs des seigneurs de l'Isle ont fait assez bonne figure dans les armées, à la cour, dans le commerce des beaux-arts, pour qu'il soit permis de rappeler qui ils étaient et par quelles vicissitudes ont passé leur demeure et leur domaine.

Nous ne savons trop ce qu'était la seigneurie de l'Isle avant le XVe siècle. Son siège, sans doute, était dans une construction plus ancienne à laquelle fut lié ce qui reste du château actuel ; elle existait cependant incontestablement. En 1175, Jean II, seigneur de Linières, traite avec l'abbé Isambert et les chanoines réguliers Augustins du couvent qui venait de se fonder non loin de là, sur la colline de Puy-Ferrand [1], à propos de certaines contestations relatives aux dîmes de vin, lin, blé, etc., de la paroisse de Saint-Martin d'Ids [2]. Jean de Linières abandonna ces dîmes aux religieux [3],

1. Canton du Châtelet.

2. Commune d'Ids-Saint-Roch, canton du Châtelet.

3. THAUMAS DE LA THAUMASSIÈRE, *Histoire de Berry*, liv. X, ch. XXXIII.

mais avec cette restriction que cela ne doit pas préjudicier au seigneur de l'Isle [1].

Nous ne saurions dire quel fut ce seigneur de l'Isle. On cite au XIIe siècle un « Bernardus de Insula », dont on ne connaît que le nom ; de même pour Humbault de l'Isle, chevalier, en 1201 [2] et Reynaud de l'Isle présent en 1252 à l'appel du ban et de l'arrière-ban de la Province, convoqué à Issoudun [3]. C'est plus d'un siècle après, en 1311 et en 1319, que nous voyons le seigneur de l'Isle constituer sur sa terre une redevance en faveur de ce couvent de l'ordre de Fontevrault, que le bienheureux Robert d'Arbrissel avait fondé à quelques kilomètres de là, dans la solitude d'Orsan, et auquel les seigneurs du voisinage distribuèrent leurs bienfaits [4].

Il est fait mention en 1368 d'une Jeanne de l'Isle, dame de Thizay [5], et ensuite nous trouvons une série de chevaliers appartenant à une même famille, la famille du Mas, Dumas ou du Matz, qui posséda la terre pendant deux cents ans et dont certains membres paru-

1. Extrait des mémoires manuscrits de M. Dupré mort en 1816. Une partie de ces mémoires a été publiée, il y a quelques années, nous aurons l'occasion d'y revenir. Mais nous en possédons dans les archives du château de l'Isle plusieurs extraits manuscrits qui nous ont été remis par M. l'abbé Périgaud, mort en 1896, doyen de Lignières, et dont les patientes recherches, auxquelles il n'a malheureusement pas donné jour, dénotaient un savant aussi modeste qu'érudit et consciencieux.

2. BUHOT DE KERSERS, *Histoire et statistique monumentale du département du Cher*, canton de Linières, commune de Touchay.

3. *Recherches sur la ville d'Issoudun*, par Armand PÉRÉMÉ, p. 123.

4. Archives du Cher. Fond d'Orsan. État des revenus et dépenses du couvent d'Orsan dressé en 1710.

5. BUHOT DE KERSERS, *loc. cit.*

rent honorablement dans l'histoire et illustrèrent leur maison, soit par de nobles alliances, soit par des actions d'éclat, soit en occupant avec distinction des charges importantes.

Les du Mas étaient originaires du Berry et tiraient leur nom du lieu dit le Mas-Sarrazin, situé dans la commune de Préveranges[1]. Ils restèrent dans cette province jusqu'à la fin du XVIe siècle, époque à laquelle, par suite de plusieurs mariages, non des moins honorables, ils s'établirent dans le midi, où leurs descendants existent encore.

§

Les deux premiers seigneurs de l'Isle du nom de du Mas sont Isambert et Humbault. Ils vivaient à la fin du XIVe siècle, tous les deux à la même époque. Nous ne savons s'ils n'étaient pas frères; il semble cependant plus probable qu'Isambert était le père d'Humbault.

En 1396, Isambert du Mas rend aveu à Philippe, baron de Linières[2]. A la même époque, Jeanne du Mas, sans doute sa fille, rendait également aveu au même seigneur pour le bois de la Font[3], terre située à quelques kilomètres du château de l'Isle[4].

1. BUHOT DE KERSERS, *ibid.*
2. Dupré, extr. mss. cités.
3. Commune de Rezay.
4. Extrait des notes manuscrites de M. Pelletier, curé de Neuvy-Saint-Sépulcre. — M. Pelletier, mort à un âge très avancé vers 1855, a laissé des notes manuscrites sur l'histoire de Linières. Ils les avait surtout puisées dans l'histoire manuscrite de Linières écrite vers 1640 par M. Jacquemet d'abord

Humbault ou Humbert du Mas était homme d'armes en 1386. C'était l'époque désastreuse de la guerre des Anglais, marquée par tant de ravages et de dévastations dans la partie du Berry confinant le domaine de l'ennemi. Contre celui-ci, s'étaient levés, non sans succès, les plus valeureux chevaliers de l'époque, et des combats nombreux s'étaient livrés sur les « marches du Berry ». Parmi les seigneurs qui guerroyaient ainsi, se trouvait Humbault du Mas, écuyer, comme l'indique une quittance de gages du 18 mars 1386, qui lui furent octroyés pour l'indemniser de ses frais pendant la dernière campagne.

Cette quittance est scellée de son sceau, sceau rond à la fasce accompagnée de trois tourteaux, deux en chef et un en pointe, brisé d'une étoile [1]. Ce sont bien là les armes des du Mas que nous retrouverons d'une façon authentique dans plusieurs témoignages incontestables, entre autres sur les ornements d'architecture du château de l'Isle [2].

procureur fiscal, puis notaire à Linières, en 1638. Ce document déposé au secrétariat de l'archevêché de Bourges par le fils de l'auteur, le chanoine Jacquemet, a disparu en 1847. Mais M. Pelletier l'aurait consulté avant cette époque. Les notes de M. Pelletier ont été trouvées à Linières, cachées derrière une armoire. — Les descendants du notaire M. Jacquemet les avaient communiquées à M. l'abbé Périgaud ; celui-ci nous en a donné quelques extraits manuscrits qui sont déposés dans les archives du château de l'Isle.

1. Inventaire Clérambault, publié dans le *Recueil des documents historiques*, p. 613.

2. Les armes des du Mas sont en effet d'or à la fasce de gueules, accompagnée de trois tourteaux d'azur, deux en chef et un en pointe. (Voir détails d'architecture au château de l'Isle et dans l'église de Touchay.) LA CHESNAYE-DESBOIS, *Dictionn. de*

Vers la même époque Humbault du Mas était seigneur du Mas-Sarrazin, et en 1404, il était seigneur de l'Isle [1]. C'est à ce titre qu'il fait une fondation au couvent d'Orsan [2].

II

PIERRE Ier DU MAS. PHILIPPE DU MAS.
L'ÉVÊQUE GABRIEL DU MAS.
LE VÉNÉRABLE PIERRE DUMAS, ABBÉ DE CHEZAL-BENOIT.
JACQUES Ier DU MAS.

A Humbault du Mas succéda Pierre du Mas [3]. Il était seigneur de l'Isle vers 1450, alors qu'Édouard de Beaujeu possédait la terre de Linières par son mariage avec

la noblesse. — BOREL D'HAUTERIVE, *Annuaire de la noblesse*, an. 1852 et 1877. ANSELME, *Histoire généalogique de la maison de France et des grands officiers de la couronne*, t. VIII, p. 899. — Différents manuscrits enluminés sur lesquels nous reviendrons plus tard, entre autres : Bibliothèque nationale, Manuscrits f. fr., nos 2,608. 6,448. 9.140. Malgré certains auteurs, les émaux véritables sont ceux que nous donnons ; nous nous appuyons pour le soutenir sur les peintures murales du château de l'Isle et sur les enluminures des manuscrits précités.

1. BUHOT DE KERSERS, *loc. cit.*

2. Archives du Cher, fond d'Orsan, invent. précité.

3. *Histoire manuscrite de Linières*, par M. l'abbé Périgaud. Cette histoire à laquelle M. l'abbé Périgaud a consacré de longues années de recherches et de travail, fait partie des archives du château de Linières. Nous devons à l'obligeance de M. le comte de Bourbon d'avoir pu l'étudier à loisir. Ce manuscrit porte que sous Édouard de Beaujeu, seigneur de Linières, mort en 1465, vivait Pierre du Mas, seigneur d'Hauterive. Il y a évidemment confusion, c'est « seigneur de l'Isle » qu'il faut lire. Hauterive à cette époque appartenait à la famille de Melsac. V. LA THAUMASSIÈRE, l. IX, ch. XXIX.

Jacqueline fille unique de Jean VI, dernier baron de Linières.

Pierre épousa Jacqueline de Chamcour. Ce serait lui, d'après une tradition que rien ne vient confirmer, qui aurait construit le château de l'Isle. Nous pensons au contraire qu'il existait déjà, à cet endroit, une construction féodale qui fut plus tard embellie par un des successeurs de Pierre, Jean Ier du Mas.

Pierre du Mas mourut le 8 juillet 1456, il fut inhumé dans une chapelle latérale de Saint-Martin de Touchay, chapelle qui porte encore aujourd'hui le nom de chapelle de l'Isle. Celle-ci, restaurée dans le goût du XVe siècle montre, ainsi que le chœur de l'église, les armes des du Mas à la clé de voûte. La pierre tombale existe encore ; elle est de forme rectangulaire et sert de marche à l'autel de la Vierge ; l'arête supérieure en est taillée en chanfrein, et, tout du long, court cette double inscription séparée par un cœur et gravée en lettres gothiques :

« *Cy gist noble hôme Pierre du Mas escuier en son vivant seigneur de lisle du Mas de Bousgueffier et de Bosquot lequel trépassa le VIIIe jour de Juillet mil CCCCLVI. Priez Dieu po lui. — Cy gist noble damoiselle Jaqueline dame en son vivant de Châccour fême et espouse du dt seigeur et trespassée le VIIIe jour... mil... priez Dieu pour elle.* »

De son mariage, Pierre du Mas laissa plusieurs fils qui nous sont connus : Philippe, Gabriel, Pierre et Jean qui méritera une place spéciale dans cette étude.

§

Nous savons peu de chose de Philippe du Mas. Il était seigneur de l'Isle en 1460 et à ce titre il fait abandon au couvent d'Orsan de la locature de Jonchereux, puis, en 1471, il transige avec le prieur de Saint-Blaise en la ville de Linières, Blaise Drouen ou Macé de La Châtre, au sujet des messes qui devaient se dire tous les premiers vendredis du mois dans l'église de ce prieuré, et pour la rente du blé qui était dû à cet établissement par les seigneurs de l'Isle. Cette transaction est du 9 décembre 1471 [1]. Nous connaissons encore deux aveux et dénombrements rendus par noble homme Philippe du Mas, écuyer, seigneur de l'Isle, en 1467 et 1472 [2]. Mais là se borne tout ce que nous savons sur ce personnage dont les frères devaient être plus illustres.

§

Gabriel du Mas entra dans les ordres, mais ce ne fut sans doute qu'assez tard. Différents documents lui attribuent la construction du château de l'Isle, sans fournir aucune preuve [3]. Nous croyons, au contraire,

1. Périgaud, *Histoire manuscrite de Lignières, loc. cit.* et Arch. du Cher, fonds d'Orsan.

2. Arch. nat. P. 798 (II) Reg. in-f°, titre du duché-pairie de Châteauroux.

3. Dupré, extraits ms. cités. — Pelletier, extr. ms. cités. — Pierquin de Gembloux, *Guide de l'antiquaire dans la ville de Bourges et le département du Cher*, Bourges 1848. — Buhot de Kersers, *loc. cit.*

que s'il a habité l'Isle, il n'en a jamais été seigneur. On cite d'autre part un Gabriel du Mas, seigneur du Mas-Sarrazin en 1476 [1] et c'est vraisemblablement de celui-ci qu'il s'agit.

Mais c'est dans la vie ecclésiastique qu'il devait rencontrer les honneurs. Il occupa d'abord certaines charges sacerdotales dans le diocèse de Bourges et fut nommé abbé de Sainte-Marie des Pierres « l'abbaye aux Pierres », ce couvent de l'ordre de saint Bernard, bâti dans un site sauvage non loin du Mas-Sarrazin, grâce aux libéralités de Raoul le Vieil, prince de Déols.

En 1475, Gabriel du Mas était promu à l'épiscopat et une bulle de Sixte IV, datée du 5 avril, le nomme évêque de Mirepoix [2]. Il occupa ce siège jusqu'au 15 juin 1486, époque à laquelle il fut nommé à Périgueux, s'il faut en croire les auteurs de la *Gallia christiana*. C'est pendant qu'il était évêque de Périgueux et seulement le 9 mai 1497, que lui fut conférée une dignité recherchée, celle de trésorier de la Sainte Chapelle de Bourges. Ce n'était pas une charge à dédaigner que celle de conservateur de tous ces trésors que le duc Jean avait réunis dans la « chapelle du Saint-Sauveur du palais de Bourges ». Les titulaires nommés par le roi avaient été jusqu'alors, presque tous, des évêques ou de futurs évêques, et le duc de Berry, entre autres avantages, leur avait concédé deux prébendes et la jouissance du manoir d'Ouzy [3].

Quelle que soit la date de cette nomination et sa con-

1. Buhot de Kersers, *ibid.*, canton de Châteaumeillant.
2. *Gallia christiana*, t. XIII, p. 273.
3. Raynal, *Histoire du Berry*, l. VI, ch. II.

cordance avec celle de l'évêché de Périgueux, il est certain que l'évêque ne prit pas aussitôt possession de ce dernier diocèse et qu'il l'administra d'abord par l'intermédiaire d'un tiers [1]. Il résida probablement pendant cette période dans la province du Berry et sans doute il fit de fréquents séjours dans le château de l'Isle qui appartenait alors à son frère Jean. C'est là que, le 15 novembre 1495, nommé à cet effet par une bulle du pape Alexandre III, donnée l'année précédente, il procéda à l'érection canonique de deux vicairies sollicitées par Jacques de Beaujeu, seigneur de Linières [2], pour être établies dans la chapelle de Saint-Philippe et Saint-Jacques, dépendant du château de ce seigneur [3].

Dans son diocèse de Périgueux et alors qu'il n'y résidait pas encore, Gabriel du Mas eut des démêlés avec l'autorité urbaine au sujet de conflits de juridiction, et le différend se termina par une transaction en 1490. On cite encore un aveu que lui rendit en 1497, nous ne savons à quel titre, Hugues de Savary, seigneur de Lancosme [4].

La date de la mort de Gabriel du Mas ne nous est pas connue, il avait été le dix-huitième évêque de Mirepoix et le soixantième évêque de Périgueux.

1. *Gallia christiana*, t. II, p. 1,482.
2. Jacques de Beaujeu, seigneur de Linières, 1483-1516, conseiller et chambellan du roi, fils de François de Beaujeu et d'Anne de Culan.
3. Dupré, ms. cité. — Périgaud, ms. cité.
4. *Gallia christiana*, ibid.

§

Pierre du Mas, un autre des fils du seigneur de l'Isle, se consacra également à l'Église. Son rôle fut moins brillant que celui de l'évêque de Périgueux, mais il eut une portée autrement considérable et un retentissement qui dura longtemps. Ayant pris la robe de moine, ce jeune seigneur fut bientôt nommé abbé d'un monastère du voisinage, déjà célèbre, mais auquel il devait donner un nouvel éclat, le couvent de Chezal-Benoît.

C'est en 1093 qu'un religieux italien, le bienheureux André, disciple de Jean Gualbert, le fondateur du célèbre couvent de Vallombreuse, appelé par Eudes Arpin, le pieux comte de Bourges, et par Adalbert, l'archevêque de la province, vint faire une fondation de l'ordre de Saint-Benoît, dans un lieu sauvage situé au milieu de vastes forêts et que l'horreur de son site avait fait baptiser du nom de Chezal-Malan. Grâce aux libéralités des seigneurs du voisinage, à la puissante protection du nouvel archevêque de Bourges Leodgaire ou Léger, et aux encouragements du pape Pascal II, l'abbaye de Dom André avait pu peu à peu s'affranchir de la tutelle ecclésiastique que prétendaient exercer sur elle les chapitres voisins [1], prendre une autonomie complète et acquérir une puissance qui s'étendait bien au-delà de la province.

1. Le chapitre de Saint-Cyr d'Issoudun qui voyait avec peine cette atteinte portée à ses privilèges. Sur la façon curieuse dont les moines de dom André surent se soustraire à cette autorité, cfr. RAYNAL, *Histoire du Berry*, l. III, ch. III ; PÉRIGAUD, ms. cit.

Mais, peu à peu, avec les années de prospérité, était venue cette période de dégénérescence de la vie monacale qui était générale au milieu du XVe siècle et qui ne devait prendre fin que dans les épreuves de la Réforme. Les richesses des couvents y avaient amené la corruption dans les mœurs, le relâchement dans la règle, la paresse dans le travail, l'abandon dans les études, la négligence dans les habitudes de discipline, de piété et de régularité qu'avait créées la si grande puissance civilisatrice des moines.

Pierre du Mas fut un des premiers réformateurs, et son influence se fit ressentir bien en dehors de Chezal-Benoît.

Il apporta dans la pratique de la vie monacale une ardeur à l'étude, une soumission à la règle, une rigueur dans l'austérité qui le désignèrent bientôt pour diriger une abbaye. Entré d'abord dans un couvent que nous ne saurions désigner d'une façon précise, peut-être le *château* d'Issoudun [1] ? il en devint bientôt prieur. C'est de là que le pape Sixte IV l'appela pour diriger, en qualité de trente-cinquième abbé, le monastère de Chezal-Benoît. La nomination fut faite par un bref apostolique du 18 août 1479. Le couvent était dans un triste état ; au relâchement de la discipline étaient venues s'ajouter les ruines matérielles que les guerres avaient apportées dans cette région. Les bâtiments du monastère n'étaient plus que décombres ; ils venaient d'être pillés et incendiés par les Anglais, leur reconstruction s'imposait, mais la dépense était considérable et les re-

1. *La Gallia christiana* dit : « abbatia de Castro », t. II, p. 165.

venus des moines ne pouvaient plus suffire. Aussi bien fallait-il une occasion favorable et celle-ci s'offrait au nouvel abbé. Pierre du Mas avait en effet, ainsi que nous le verrons dans la suite, un frère puissant dans la personne de Jean, seigneur de l'Isle. Ce dernier jouissait d'un crédit considérable à la cour, aussi ce fut à lui que le vénérable abbé s'adressa, et, grâce à cette puissante protection, le monastère put être entièrement reconstruit. De ces travaux, il ne reste plus rien aujourd'hui, un incendie ayant, de nouveau, au XVIIIe siècle, détruit le couvent de Chezal-Benoît qui fut alors rebâti pour la troisième fois ; mais, à certains détails du mobilier actuel de l'église qui, comme les stalles du chœur, datent de cette époque, on peut juger de l'œuvre matérielle de l'abbé du Mas.

Une autre tâche, non moins importante, incombait à celui-ci : c'était d'apporter l'ordre intérieur là où il avait établi l'harmonie extérieure. Si des abus avaient pu s'introduire dans le couvent, c'est que la règle les avait laissé passer ; il fallait donc changer celle-ci, l'adapter aux mœurs nouvelles, non pas pour l'élargir et la rendre plus douce, mais bien plutôt pour la resserrer et faire ses mailles plus étroites.

Les couvents s'étaient perdus par leurs richesses : les donations, les généreuses aumônes, les fondations dont ils avaient été l'objet avaient amené la corruption dans leurs murs ; c'est la richesse qu'il fallait frapper. « La richesse, écrivait le pieux abbé, est la ruine de la « vie monacale, aussi voulons-nous que ni l'abbé du « couvent, ni aucun de ses frères ne puisse rien posséder en propre, qu'il n'ait que ce qui lui sera distribué

« pour ses seuls besoins, qu'il abandonne tout béné« fice, tout avantage particulier. [1] » L'abbé du monastère doit tout le premier donner l'exemple du renoncement, et, pour lui faciliter la pratique de cette vertu, son mandat doit avoir un temps, ne plus être à vie. « Afin que son administration puisse s'armer d'une « autorité plus grande, et, ce qui est encore moins aisé « de lui donner, s'exercer avec plus de fruit, elle doit « ne pas être exposée à succomber sous le poids « d'une tâche incessante, encore moins se rendre « accessible à l'orgueil, à l'ambition ou à toute autre « passion affaiblissante. L'abbé n'est pas nommé pour « que son titre soit à sa personne un motif de gloire et « d'honneur, sa mission est de servir le couvent. Il doit « faire abstraction de tout ce qui se rapproche de sa « personne. Agir autrement, c'est agir pour sa propre « perte et pour la perte de ses frères [2]. »

Il fallait certes une grandeur d'âme peu commune, une pureté de mœurs à toute épreuve et une autorité que donne seul le renom de la vertu pour établir de telles règles. Celles-ci peuvent paraître simples aujourd'hui, mais dans les temps où l'autonomie locale existait encore presque intégralement dans la vie civile, la vie seigneuriale et la vie religieuse, ces lois faisaient une révolution complète avec l'état des mœurs.

1. Pièces et titres concernant les abbayes de Chezal-Benoît. Imp. chez Lambert. Paris, MDCCLXXIV. — Extrait des règlements de Pierre du Mas pour la réforme de Chezal-Benoît : Règlement sur le chap. 33 de la règle de saint Benoît. Bibl. nat., Impr. Id. 16. n° 44.

2. Ibid. Règlement sur le chapitre 64 de la règle de saint Benoît « de ordinando abbate ».

Pour donner plus de poids à sa réforme, le vénérable Pierre du Mas sollicita des lettres d'approbation du Souverain Pontife. Le pape Innocent VIII députa pour étudier ces statuts l'archevêque de Bourges Pierre Cadouet et le 9 mai 14... ce prélat les approuvait solennellement et les imposait à tous les religieux dépendant de Chezal-Benoît.

Cette réforme devait avoir un retentissement considérable ; de nombreux couvents d'hommes et de femmes vinrent se ranger sous la règle de Pierre du Mas et formèrent « la congrégation de Chezal-Benoît ». Ce furent les monastères de Saint-Sulpice de Bourges, de Saint-Alire de Clermont, de Saint-Vincent du Mans, de Saint-Martin de Séez, de Saint-Martin de Tours, de Sainte-Colombe de Sens, de Saint-Germain des Prés de Paris, de Saint-Laurent de Bourges, de Saint-Pierre de Lyon, de Notre-Dame de Nevers, d'Iseure près de Moulins, de Charenton en Berry [1]. Plus tard, enfin la congrégation de Chezal-Benoît devait se confondre dans celle de Saint-Maur dont les membres par leurs savantes recherches et leurs travaux d'érudition ont su accumuler tant de précieux monuments historiques.

La Règle de Pierre du Mas subsista jusqu'à l'époque où Richelieu, dans le but que l'on sait, sécularisa, à son profit, tant de couvents et d'abbayes et se fit nommer administrateur général de Chezal-Benoît, au temporel et au spirituel.

Le vénérable descendant des seigneurs de l'Isle, ne

1. Raynal, *Histoire du Berry*, l. VII, ch. v. — La Thaumassière. *loc. cit.*, l. X, ch. xvii. — Cartier de Saint-René, *Histoire du duché de Charost*, passim.

devait pas assister à l'épanouissement de son œuvre. Sa tâche accomplie, il terminait une vie si bien remplie, laissant à la Providence le soin d'étendre les rameaux de l'arbre qu'il avait planté. Il s'éteignit dans son monastère de Chezal-Benoît et fut enseveli, le 25 mars 1491, dans le chœur de l'église, au milieu de ses frères. Sur sa tombe on grava ces vers :

Hic generose jaces, Petre du Mas, quo Benedictum
Patre Casale novum cœpit habere decus :
Quique reformator tantos novus inter abusus
Denique prodieris, fama perennis erit.
Nempe secunda tibi debetur gloria, teque
Germanum Andreas rite vocare potest.[1]

§

A côté de ces deux hommes d'Église, un homme de guerre : Jacques du Mas, frère des précédents. Il y a tout lieu de croire que celui-ci habita peu le château de l'Isle, toujours est-il qu'il n'en fut jamais qualifié seigneur.

Nous verrons en traitant de son frère aîné, Jean Ier, seigneur de l'Isle, de quelle grande faveur celui-ci jouissait auprès du roi. Mais à l'avènement de Louis XI, il est certain que les du Mas étaient au nombre des seigneurs qui, enrôlés sous la bannière du duc de Berri, cherchèrent à défendre leurs prérogatives seigneuriales contre la politique autoritaire du monarque.

1. *Gallia christiana, loc. cit.* Le tombeau de Pierre du Mas n'existe plus depuis longtemps. Nous laissons à l'auteur cité la responsabilité de l'épitaphe qui sent le XVIIIe siècle.

Si Jean ne tarda cependant pas à abandonner le parti des rebelles, Jacques au contraire, suivit jusqu'au bout la politique du plus grand ennemi du roi, et resta un fidèle compagnon de Charles le Téméraire.

En 1465, il était sous les murs de Montlhéry déjà connu par sa bravoure, nous dit le chroniqueur. Dans cette bataille restée indécise, il marchait avec l'infanterie du Comte de Charolais [1].

Il dut suivre ce dernier dans toutes ses expéditions, et lorsque son maître fut devenu duc de Bourgogne, il fut récompensé de ses services par d'insignes faveurs. En 1471, Charles le Téméraire lui donna la terre de Navilly telle que la tenait Baudoin, soi-disant bâtard de Bourgogne [2], et sans doute il lui fit d'autres dons, car la succession de Jacques du Mas devait être importante. Il le nomma quelques années après son écuyer d'écurie, (1475) puis le fit son porte-étendard et l'honora d'une amitié toute particulière.

Mais Jacques du Mas ne devait pas survivre à son maître. C'est quand l'adversité s'attacha aux pas de Charles le Téméraire que ce hardi chevalier devait succomber en cherchant à opposer sa bravoure à la fortune qui s'acharnait contre le duc de Bourgogne.

On sait que peu de temps avant le désastre de Nancy qui devait coûter la vie au duc, celui-ci éprouva deux

1. COMMINES, *Mémoires*, l. I, ch. III.

2. *Mémoires d'Olivier de la Marche, maître d'hôtel et capitaine des gardes de Charles le Téméraire*, édition publiée par la Société de l'histoire de France : y voir la note d'après PEINCEDÉ, *Recueil de Bourgogne*, XXV-739, et GINGINS LA SARRA, *Dépêches des ambassadeurs milanais*, II-332. (Nous n'avons pas pu contrôler cette dernière source.)

échecs considérables dans la campagne qu'il avait entreprise contre les Suisses. Battu une première fois à Granson, il essuya peu après une déroute complète à Morat. C'est là que le duc de Lorraine qui, à l'instigation secrète de Louis XI, s'était mis à la tête des troupes suisses et allemandes, après avoir, dans la matinée du 22 juin 1476, harcelé dans une série d'escarmouches les Bourguignons retranchés près de la ville, fondit sur eux au moment où ceux-ci, croyant l'engagement terminé, rentraient dans leur camp, déposaient leurs armes et se préparaient à prendre leur repas. Cette attaque, aussi prompte qu'inattendue, répandit dans les troupes de Charles le Téméraire une terreur si grande que celles-ci épouvantées, sans chercher à se rassembler, se dispersèrent aussitôt dans toutes les directions, ne regardant ni le lac voisin où un grand nombre se noya, ni les marais où, empêchés par le terrain fangeux, ils devinrent les faciles victimes des assaillants.

Inutilement les chefs de l'armée bourguignonne cherchèrent-ils à rallier les fuyards et à ranimer leur courage : leurs efforts s'épuisèrent en vain et ils ne purent que mourir en héros. Jacques du Mas fut de ceux là. Grand étendard de Charles le Téméraire, il déployait sa bannière pour ramener les soldats éperdus ; mais pour l'ennemi, les couleurs du duc étaient un objet de convoitise et c'est autour d'elles que la bataille se faisait avec le plus d'acharnement. « Mais ce très « hardi et vaillant gentilhomme ne voulut oncques « tourner le dos aux ennemis, ni rebourser » (rebrousser)[1]. Couvert de blessures, il tenait toujours son étendard droit et ferme pour servir de signe de ralliement. S'il ne put enrayer la déroute, il eut au moins la suprême consolation de remettre le précieux emblême entre les mains de son maître, puis il expira[2]. « Et ce « ainsi, ajoute un autre chroniqueur, eust le duc de « Bourgoingne la fortune deux fois contre luy ; et là, « moururent le comte de Marle, fils du conte de Saint- « Pol, et ce bon et vaillant escuyer Jaques du Mas, « l'estendard du duc de Bourgoingne en ses bras que « oncques ne voulut habandonner[3]. »

Ainsi fut tué ce courageux enfant du Berry dont il faut regretter de voir la bravoure s'être épuisée à un autre service qu'à celui de son roi ; faute qu'il partagea avec bien d'autres seigneurs de son temps, mais dont la responsabilité doit certainement être atténuée en raison des mœurs de l'époque, et aussi de cette politique dominatrice, fausse et tortueuse par laquelle le roi Louis XI tout en établissant l'unité du royaume, s'aliénait nombre de cœurs vaillants qui, autrement, se seraient consacrés au service de la France.

Jacques du Mas ne s'était sans doute pas marié, car « après son trépas à Morat, ses biens qui n'étaient pas « petits furent envoyés à son frère Jehan du Mas, « chambellan de Mons. de Beaujeu, comte de Clermont[4]. »

1. Journal de Jean de Roye (*Chronique scandaleuse*), interpolations et variantes rédigées par Jean le Clerc, en 1502, édition publiée par la Société de l'Histoire de France. t. II, p. 359.
2. Daniel, *Histoire de France*, Paris, MDCCXXIV, t. IV, n° 489.
3. *Olivier de la Marche*, ibid.
4. Journal de Jean de Roye, ibid.

III

JEAN Ier DU MAS

SA PARTICIPATION A LA GUERRE DU BIEN PUBLIC.
SA FAVEUR AUPRÈS DE LOUIS XI. — SON ROLE
DANS LE PROCÈS DE JACQUES D'ARMAGNAC, DUC DE NEMOURS.
SON INTERVENTION DANS LE MARIAGE DU DUC D'ORLÉANS
ET DE JEANNE DE FRANCE. — SA GESTION
DE LA TERRE DE L'ISLE. — SON ROLE PENDANT LA RÉGENCE
IL EST COMBLÉ D'HONNEURS PAR LE DUC DE BOURBON,
PUIS PAR CHARLES VIII. — NOMMÉ GRAND MAITRE
DES EAUX ET FORÊTS DE FRANCE.
SES COLLECTIONS DE MANUSCRITS. — SON MARIAGE.
SES ENFANTS. — SA MORT EN ITALIE.

La fortune de Jean du Mas fut encore plus brillante que celle de ses frères. C'est lui qui devint le chef de sa maison et qui posséda la seigneurie de l'Isle. Tour à tour soldat, magistrat, érudit et lettré, conseiller et favori de deux rois de France et d'une régente, il présente le type complet de ce que devait être le grand seigneur de cette époque, alors que la féodalité brisée n'avait plus qu'à se ranger franchement sous la bannière royale pour y rendre des services et en recevoir des faveurs.

Mais avant de servir Louis XI, Jean du Mas fut au nombre de ceux qui combattirent les débuts de ce monarque. Sa participation à la guerre du Bien-Public est incontestable.

Dans les derniers mois de l'année 1463, Louis XI avait à déjouer les intrigues du jeune comte de Charolais qui, malgré son père le duc de Bourgogne, Philippe-le-Bon, dont les prétentions semblaient plus conciliantes, fomentait la révolte. Le roi de France se rendait compte des difficultés qu'allait lui créer la maison de Bourgogne, et avant de combattre celui qui devait être Charles-le-Téméraire, il chercha à employer la ruse ; il envoya à son père plusieurs missions dans le but apparent de traiter, mais plutôt dans l'espoir de pouvoir s'emparer de la personne de ses ennemis. Une de ces ambassades alla trouver le duc de Bourgogne à Lille en Flandre, au mois de novembre 1463 ; elle était composée de nombreux personnages et principalement du comte d'Eu, Charles d'Artois, de l'archevêque de Narbonne et du sénéchal de Beaucaire. Mais les Bourguignons surent flairer le piège, et les envoyés de Louis XI durent reprendre piteusement le chemin de la demeure royale. Il faut croire que, de l'autre côté de la Loire, les mécontents attendaient impatiemment le résultat de la mission : sur le chemin des ambassadeurs, ils avaient dépêché des émissaires pour s'emparer de ceux-ci. C'est ainsi que nous voyons Jean du Mas avec un autre jeune seigneur du Berri, Louis de Bueil, un des fils cadets du comte de Sancerre, s'embusquer sur les bords du fleuve, non loin de Blois et, avec l'aide de quelques hommes d'armes, surprendre le sénéchal de Beaucaire retournant vers le roi. Ils se saisirent de sa personne, le dépouillèrent et commirent des déprédations qui soulevèrent les plaintes de Louis XI et motivèrent ses protestations[1].

1. Journal de Jean de Roye, *loc. cit.*, I, p. 39.

Mais le roi devait pardonner ces écarts de jeunesse. Si le Berry et le Bourbonnais furent les provinces où la rébellion s'exerça avec le plus d'animosité, c'est là aussi qu'elle fut le plus vite apaisée. Louis XI s'y rendit en personne, il visita Linières, Le Châtelet, Châteaumeillant, Culan, mais au lieu d'user de rigueur après la victoire, il crut plus politique de s'attirer les sympathies en distribuant des faveurs. Nous ne savons si Jean du Mas combattit avec le comte de Sancerre et les autres rebelles, s'il prit part à la défense de ce château de Montrond, que, par lettres datées de Linières le « IX jour de may (1465) » le roi qualifiait d'une des plus belles et des plus fortes places du Berri[1], s'il prit part aux combats de Châteauneuf-sur-Cher, et aux autres engagements qui se donnèrent dans le voisinage, mais on peut dire qu'en 1465, Louis XI passa certainement devant le château de l'Isle, alors au père de Jean du Mas, et que son attention étant attirée par le sommet des tours du castel, dans un moment où sa politique inclinait vers la clémence, peut être résolut-il de comprendre la famille de son seigneur au nombre de ceux qu'il allait s'attacher par ses bienfaits.

1. Arch. nat. J. 1.021 publiées par Quicherat. *Collect. des documents inédits, mélanges historiques*, t. II. p. 253-254. — V. Public. de la Société de l'Histoire de France, *Lettres de Louis XI*, t. II, p. 286 et suiv. — V. aussi sur le séjour de Louis XI à Linières. trois lettres de ce monarque que nous croyons inédites. Bibl. nat., fond Bourrée, manuscrits f. fr. 20,496. Nos 25, 26, 27.

§

Quelques années après nous retrouvons Jean du Mas comblé d'honneurs. Louis XI l'avait attiré à sa cour et l'avait attaché à la maison de sa fille Anne de France qu'il devait, en 1475, donner en mariage à Pierre de Beaujeu, plus tard duc de Bourbon. Anne de France avait conçu pour la fille du châtelain de l'Isle, Jacqueline, une grande amitié ; elle avait été « nourrie avec elle »[1] ; elle s'était attachée à cette jeune compagne et lui avait prodigué les témoignages d'une sympathie qui devait rejaillir sur toute sa famille. Pierre de Beaujeu, après son mariage, attira Jean du Mas et nous verrons celui-ci associé à toutes les grandes entreprises du duc.

Mais Louis XI avait déjà commencé la fortune des du Mas. En 1475, nous voyons ce dernier, écuyer d'écurie du roi, fonction à laquelle était attachée une pension de 1,000 livres, puis capitaine des places de Mauzain, Alaize et Vertoizon et appointé à ce titre de 500 livres[2]. Enfin il allait bientôt se voir l'objet de nouvelles faveurs comme prix des services chers à Louis XI : l'accomplissement d'un de ces actes de rigueur, sinon de justice, qui tenaient tant au cœur du vindicatif monarque.

1. Contrat de mariage de Jacqueline du Mas et de Gilbert de Levis. Arch nat., titres de la maison ducale de Bourbon, ms. sur parchemin P. 1.397[3], cote 1,148. Nous aurons l'occasion de revenir plus loin sur cette pièce. Mais les dates ne permettent pas de prendre cette assertion au sens littéral. Anne de France naquit en 1462 et Jacqueline du Mas, nous le verrons, ne serait née qu'en 1480. V Bibl. nationale, ms. f. fr. 2,408, p. 1.829.

2. Anselme, *Généalogie de la maison de France et des grands officiers de la couronne*, t. VIII, p. 879.

Il s'agissait de punir la trahison de Jacques d'Armagnac, duc de Nemours. On sait que ce seigneur, malgré les bienfaits du roi qui, à son avènement l'avait marié à sa propre filleule Louise d'Anjou, lui avait assuré des droits contestés sur le duché de Nemours, lui avait confié une importante mission en Roussillon, qui, en un mot, ne demandait qu'à grandir sa fortune, n'avait pas craint de rompre avec son souverain, d'entrer dans la ligue du Bien-Public, et, alors que Louis XI l'envoyait pour soumettre les rebelles, de faire cause commune avec eux. Pardonné pour cette faute, peu de temps après Jacques d'Armagnac traitait avec Charles le Téméraire et ne dissimulait pas son dépit en apprenant que le duc de Bourgogne avait laissé échapper le prisonnier de Péronne. Nouveau pardon du roi, nouveau serment de fidélité, mais aussi nouvelle trahison : à quelques jours de distance Nemours entretenait des négociations avec le comte de Saint-Pol dans un but qu'il lui fut impossible de dissimuler. L'exécution du connétable devait montrer à son complice que la fortune se tournait contre lui-même sans rémission. Jacques d'Armagnac demanda encore une fois pardon à Louis XI en témoignant un repentir que le désespoir de sa cause rendait probablement sincère. Mais le roi, voyant que la ruse était devenue inutile, résolut d'abattre ce sujet si souvent rebelle. Celui-ci s'était réfugié dans son château de Carlat, place forte presque inexpugnable, plantée à pic sur un rocher des montagnes de l'Aveyron. C'est là que Louis XI dépêcha son gendre, Pierre de Beaujeu, pour s'emparer de la personne de son ennemi, au mois de février 1476. Beaujeu avait avec lui une importante escorte commandée par ses meilleurs compagnons au nombre desquels nous trouvons Jean du Mas, seigneur de l'Isle [1]. Le duc de Nemours se sentant perdu, dépêcha pour faire sa soumission, deux de ses serviteurs jusqu'à Aurillac où s'était arrêté Pierre de Beaujeu. Satisfait, celui-ci se contenta de faire avancer jusqu'à Carlat une centaine d'hommes commandés par Tanneguy du Châtel, vicomte de la Bellière et Jean du Mas, seigneur de l'Isle pour, au nom du roi, mettre main sur la forteresse. D'Armagnac voulut encore parlementer, et afin de tenter d'apitoyer les envoyés de Louis XI, il fit avancer à leur rencontre sa femme Louise d'Anjou, grosse d'un enfant qui, peu de jours après, devait lui coûter la vie; celle-ci les conjura de vouloir bien entendre son mari avant de s'emparer du château. La Bellière et Jean du Mas, touchés de cette démarche, mais ne pouvant pas enfreindre les ordres, promirent à Madame de Nemours de retourner à Aurillac et de faire part de sa demande. Ils partirent donc tous les deux, et revinrent peu de temps après, sans armes, à titre de simples mandataires prêts à prendre acte de la soumission bénévole qui allait leur être faite. Ils reçurent en effet Jacques d'Armagnac, mais dès les premiers mots de l'entretien, ils lui annoncèrent qu'il eût à remettre entre leurs mains, sa personne, ses enfants et ses biens. Nemours protesta, mais sur ces entrefaites, Pierre de Beaujeu arrivait, il fallut se soumettre. On rédigea une sorte de convention par laquelle

[1] B. de Mandrot, *Jacques d'Armagnac, duc de Nemours. Revue historique*, 1890, n° 88. p. 275. — Pour tout ce qui concerne cet épisode, v. *Revue historique*, n°s 87 et 88, passim.

d'Armagnac s'engageait à rester dans son château sous la garde de ses gens et la surveillance des envoyés du roi, jusqu'à ce que celui-ci en ait décidé autrement ; il demandait en échange quelques garanties pour lui, sa famille et sa fortune. On expédia à Louis XI un envoyé porteur de cet acte de soumission que Pierre de Beaujeu, par déférence, voulut bien nommer un traité, et Jean du Mas, ayant assemblé les hommes d'armes et les capitaines du château, leur fit prêter entre les mains du bailli de Saint-Pierre-le-Moutier, serment de fidélité au roi de France.

Nous ne suivrons pas les diverses étapes du long martyre de Jacques d'Armagnac. Si son ingratitude avait été complète, si ses fautes étaient sans excuse, la répression devait être terrible, et la légende s'empara bientôt de ce que son supplice eut de cruel pour voiler ce qu'il pouvait avoir de mérité. Aussi bien n'insisterons-nous que sur les points du procès dans lesquels le seigneur de l'Isle fut appelé à jouer un rôle. Conduit d'abord à Vienne, puis à Lyon, Nemours fut enfermé dans un de ces cachots comme savait en découvrir la vengeance du roi, et là il subit les premiers interrogatoires. Quelques temps après, on le transféra à la Bastille Saint-Antoine, et Louis XI, redoutant l'indulgence du Parlement de Paris, nomma une commission spéciale pour instruire sur le crime de lèse-majesté. C'est dans cette commission que siégea M. de l'Isle[1] ; elle était composée du Chancelier, de Louis de Gré-

1. C'est ainsi que les actes officiels du temps nomment souvent Jean du Mas.

ville, seigneur de Montaigne; de Jean du Blossel, seigneur de Saint-Pierre; de Boffile de Juge, vice-roi de Roussillon et de Cerdaigne, de Jean du Mas, seigneur de l'Isle[1] et d'un certain nombre de conseillers au Parlement. Nous ne croyons pas que du Mas ait joué un rôle très actif dans ce tribunal d'exception qui se borna surtout à entendre des dépositions, à déjouer une tentative d'évasion (qui valut au prisonnier d'être enfermé dans une cage étroite), et à provoquer des aveux complets. L'instruction terminée, la cause fut remise au Parlement. Nous sortirions de notre cadre en insistant sur tous les incidents de procédure, conflits de juridiction, exceptions d'incompétence, etc., etc., qui surgirent dans le cours de ce douloureux procès. Disons seulement que, pour en finir, Louis XI évoqua l'affaire par devant lui; mais, par un sentiment de dignité, facile à comprendre, il délégua pour le remplacer Pierre de Beaujeu qu'il chargea de présider un tribunal composé de la première commission d'enquête (ce qui replaça Jean du Mas au nombre des juges), du Parlement convoqué à cet effet et de certains membres du conseil du roi. C'est à Noyon que l'on se réunit pour discuter la peine à appliquer. Plusieurs des juges se récusèrent; nous ne voyons pas le nom de Jean du Mas figurer parmi ceux-ci. Est-ce parce que Louis XI avait pris la précaution de distribuer par avance les dépouilles du condamné et que le seigneur de l'Isle figure parmi les bénéficiaires? La sentence qui condamna

1. Procès du duc de Nemours, arch. nat. Reg. X, 2e 51, cité B. de Mandrot, ibid.

Jacques d'Armagnac, duc de Nemours, à avoir la tête tranchée fut prononcée le 29 juin 1477 et elle fut exécutée le 4 août suivant.

Le roi avait à l'avance récompensé ceux qui devaient servir d'instrument à sa vengeance, et ce ne fut pas un des moindres scandales de ce procès que de voir les biens de l'accusé donnés aux juges longtemps avant le prononcé de la sentence. Jean du Mas, dès le 20 février 1477, s'était vu attribuer la seigneurie de Vigouroux et la vicomté de Murat[1].

Il est vrai qu'un mois après l'exécution Louis XI assura ces donations; mais il ne s'agissait plus que d'une confirmation, et le salaire avait précédé la tâche. C'était du reste une jolie part pour le seigneur de l'Isle : la vicomté de Murat, aujourd'hui dépendant du département du Cantal, était estimée comme rapportant en moyenne 2,400 livres tournois[2]. Il faut ajouter que le Parlement n'admit jamais la validité des donations; il en résulta, pour plusieurs des bénéficiaires, des procès dans lesquels nous ne savons si la vicomté de Murat fut impliquée. Du reste après la mort de Louis XI, l'opinion publique que les circonstances pénibles de ce procès avaient remplie de commisération pour les deux malheureux orphelins qu'avait faits le bourreau, porta naturellement Charles VIII à faire rentrer ceux-ci en possession de l'héritage paternel. Aussi nous voyons, en 1485, Jean d'Armagnac s'intituler vicomte de Murat. Jean du Mas ne devait donc plus posséder cette seigneurie.

1. Anselme, *loc. cit.* — Mandrot, *loc. cit.*
2. Bibl. nat., ms., f. fr. 10,235, cité par B. de Mandrot, *ibid.*

§

Vers la même époque, le seigneur de l'Isle qui ne quittait guère la cour et était tout dévoué à Louis XI, semble avoir été encore l'instrument de celui-ci pour mener à bout un autre dessein du roi. Il s'agissait pour le roi de faire épouser sa fille, Jeanne de France, au futur Louis XII, son cousin le duc d'Orléans. La princesse n'avait qu'un an lorsqu'elle fut fiancée, et à peine douze ans lorsque le mariage fut célébré ; si elle donnait déjà l'exemple de toutes les vertus, elle était difforme et disgracieuse de toute sa personne. Louis d'Orléans n'avait que quinze ans et les qualités morales devaient être de peu de poids dans le choix qu'il avait à faire; aussi ne donna-t-il son consentement au projet de son royal cousin qu'après de longues hésitations, qu'il devait plus tard faire envisager comme n'ayant cédé qu'à une véritable contrainte. Un de ceux qui paraissent avoir agi d'une façon décisive pour arracher la volonté du duc d'Orléans, est incontestablement Jean du Mas. Le seigneur de l'Isle reçut-il dans ce but une secrète mission de Louis XI? Voulut-il seulement faire sa cour à son maître ou à sa protectrice Anne de Beaujeu qui désirait ce mariage? Rien ne le dit; mais son rôle semble avoir été concluant.

C'était le jour fixé pour la cérémonie : l'évêque d'Orléans, François de Brilhac, qui allait conférer le sacrement aux fiancés, prend à part le duc d'Orléans en présence de deux seuls témoins : Jean du Mas, seigneur de l'Isle et un autre personnage muet. Devant l'irrésolution du prince, il croit devoir lui exposer la gravité de l'acte qui va s'accomplir, lui montrer les liens de consanguinité qui l'unissent à sa future, et lui déclarer, qu'alors que sa liberté est encore entière, il ne doit pas s'engager sans une réflexion approfondie. Tout d'un coup et brusquement, ces paroles son interrompues : c'est Jean du Mas qui intervient ; il semble craindre de voir les exhortations de l'évêque triompher des hésitations du duc, et se tournant vers François de Brilhac il l'apostrophe avec ces paroles pleines de menaces : « Taisez-vous, par le diable ! vous en pourriez bien trop parler. » L'évêque semble comprendre et s'adressant à Louis d'Orléans il se borne à lui dire : « *Monseigneur doncques, estes-vous délibéré de passer outre.* » Et Louis répondant : « *Il m'est force et n'y ai remède,* » on procède de suite à la cérémonie[1].

La scène est ainsi rapportée dans la déposition de l'évêque François de Brilhac lorsque plus tard Louis XII fit casser son mariage, déposition tendant à prouver la contrainte morale, cause de nullité, et si le témoin insiste sur le rôle de Jean du Mas, et rapporte textuellement ses paroles, c'est sans doute pour faire ressortir l'inexorable influence qui présida à cette union et dont le seigneur de l'Isle est présenté comme l'instrument. On pourrait objecter à l'authenticité de cette intervention que cette déposition aurait pu être inventée pour les besoins de la cause. Il ne le semble pas,

1. *Procédures politiques du règne de Louis XII*, publiées dans la collection des documents sur l'histoire de France. *Procès en divorce du roi et de Jeanne de France*, déposition de l'évêque Brilhac, p. 1,018.

car si les défenseurs[1] de la reine, avec un courage qu'on paraît méconnaître, ont énergiquement réfuté plusieurs allégations d'un ordre plus intime, qui furent portées au procès et qui rendirent le divorce encore plus odieux, nous n'avons trouvé, dans les pièces de procédure que nous avons parcourues, rien pour démentir la véracité de l'intervention de Jean du Mas.

§

Les devoirs politiques et les complaisances du courtisan de Louis XI n'empêchaient pas M. de l'Isle de s'occuper de la gestion de ses affaires en Berri. L'Isle relevait féodalement de Linières. Jean du Mas voulut se soustraire à cette tutelle dont le plus grand désavantage était de lui retirer certains revenus. C'était en effet le seigneur de Linières qui exerçait, sur le domaine de l'Isle, les droits de guet et de justice[2].

1. Il est assez piquant de rappeler que le principal avocat de Jeanne de France fut François de Bethoulat dont la famille devait plus tard tenir un rôle important dans celle des seigneurs de Prévert, château situé en face du château de l'Isle sur l'autre rive de l'Arnon. Voir ce que nous disons des seigneurs de Prévert dans notre travail intitulé : *Extraits des registres paroissiaux de la commune de Touchay*. Saint-Amand, 1894.

2. Le droit de guet remontait au recours qu'eurent les habitants des campagnes au seigneur dont ils dépendaient pour venir s'abriter, pendant les guerres, derrière les murailles du château. En revanche les protégés devaient faire le guet pour prévenir les surprises et les attaques imprévues de l'ennemi. Peu à peu le « guet » fut remplacé par une redevance en argent ou en nature qui subsista même lorsque les temps troublés eurent disparu.

Le droit de justice consistait, sous le nom de haute justice à connaître de tous les crimes punissables de mort et toutes les

Ces deux droits à l'époque où nous sommes se traduisaient par des bénéfices sérieux, ils étaient de plus la marque d'une importance que Jean du Mas chercha à donner à sa terre de l'Isle. Aussi entra-t-il en négociation avec François de Beaujeu, seigneur de Linières, pour les acquérir. En effet, en 1476, celui-ci vendait à Jean du Mas, moyennant la somme de 1200 livres, les droits de justice haute, basse et moyenne, ainsi que le droit de guet qu'il exerçait sur la terre de l'Isle, à la condition, cependant que l'appel relèverait du bailli de Linières [1].

Quelques années après, Louis XI, qui avait nommé Jean du Mas son conseiller et chambellan, confirmait cette vente par lettres de juin 1482, et en même temps il lui permettait de créer quatre foires par an dans la terre qu'il possédait à Yvoy en Berri et par conséquent l'autorisait à prélever les droits qui en résultaient.

§

Lorsque Louis XI mourut en 1483, la fortune de Jean du Mas ne subit pas d'atteinte. Le seigneur de l'Isle était le favori du Duc et de la Duchesse de Bourbon, et ceux-ci le firent entrer dans le conseil de la régence qui leur était confiée. Ce n'était pas une

causes civiles sauf les cas réservés aux tribunaux spéciaux. La moyenne justice connaissait de toutes les actions dont les amendes ne dépassaient pas certains chiffres, enfin la basse justice s'étendait sur toutes les matières dont l'amende ou l'importance n'atteignait pas le taux réservé à la moyenne justice.

1. Abbé Périgaud, ms. cit. — Anselme, *loc. cit.* — Pierquin de Gembloux, *loc. cit.*

simple place honorifique que conférait cette nomination : le conseil s'assemblait tous les jours et nous voyons la présence de « M. de l'Isle » attestée dans presque tous les procès-verbaux des séances de l'année 1484.

A cette époque il portait le titre de chambellan de Charles VIII et il venait d'être nommé bailli de Cotentin [1], charge qu'il occupa d'autant plus naturellement qu'il possédait dans cette province la terre de Tourville dont il portait le titre de baron [2]. C'est sous cette dénomination qu'il reçut du roi, le 20 août 1486, le château et la place de Renneville. Il dut, à ce moment de son existence, résider souvent en Normandie où il entretenait des troupes pour le roi, ce qui lui valut une pension de 2,000 livres [3].

Nommé déjà chambellan de Pierre de Beaujeu [4] il reçut de ce dernier, le 9 décembre 1488, la prévôté et la seigneurie de la Chapelle qui touchait sa terre de Bannegon en Berri. Il eut la faculté d'y avoir un sceau à contrat, mais il dut cependant payer 30 livres de rente

1. V. Clairambault : quittance de pension du 25 juin 1484, scellée d'un sceau rond portant un écu à la fasce accompagnée de trois tourteaux. deux et un, timbré d'un heaume, surmonté d'une tête de lion couronné. — Demay, *Inventaire des sceaux Clairambault*. collection des documents historiques, p. 613.

2. Anselme, *loc. cit.*

3. Jean du Mas, seigneur de l'Isle, chambellan du roi, donne quittance, le 19 avril 1488, au receveur général Jehan Lallemant de 2 000 livres pour sa pension et son entretenement au service du roi.

4. V. Arch. nat. titres de la maison ducale de Bourbon, 1,390 [3], col. 477 *ter*, une lettre par laquelle Jean Dumas, seigneur de l'Isle, conseiller et chambellan du duc de Bourbon, mande à Pierre de Thisy de procéder à plus ample information sur la limite de Thisy et de Ranchol, signé : — Dumas.

à son donateur. Cette donation fut expédiée le 22 mai 1489 [1].

Mais la dignité la plus éclatante qu'il obtint, fut celle de Grand Maître réformateur des eaux et forêts de France, à laquelle il fut élevé par Charles VIII, le 22 avril 1489. C'était là une des charges les plus importantes de la couronne ; elle plaçait son titulaire au rang des grands officiers, en lui donnant la haute direction de tout ce qui concernait l'administration, l'entretien, la conservation des forêts réparties sur toute l'étendue du royaume. Cette fonction ne perdit de sa valeur que sous le règne de Henri III qui la divisa entre six maîtres des eaux et forêts. Mais à l'époque que nous étudions elle était encore dans toute son intégrité : elle permettait à son titulaire de pourvoir à tous les postes et offices qui dépendaient de son administration, sauf à ceux qui pouvaient être fieffés et héréditaires ; prérogative importante que Charles VIII, par lettres données à Vienne le 3 décembre 1490, confirme expressément en faveur du seigneur de l'Isle. D'ailleurs si l'on considère que le prédécesseur de celui-ci dans cette charge avait été Louis de Laval, seigneur de Comper et de Châtillon, gouverneur du Dauphiné, puis de Guyenne, de Paris, de Champagne et de Brie, chevalier de l'Ordre du roi [2], on peut voir que cette place était réservée aux grands seigneurs jouissant de toute la faveur royale.

Jean du Mas était d'ailleurs de ceux-là ; il était de plus un des membres les plus assidus du Conseil de

1. Anselme, *loc. cit.*
2. Morери, *Dict. général.*

Charles VIII. Dans la plupart des actes émanant de l'autorité royale, nous voyons la signature du monarque contresignée par celle du sieur de l'Isle, le plus souvent sous ce seul titre, ailleurs accompagnée de son nom et de ses autres qualités [1].

Citons seulement, comme intéressant notre région, les lettres patentes du 3 décembre 1493 [2] où le « sieur « de l'Isle, Grand Maître et réformateur des eaux et « forêts » est témoin avec le sieur de Gréville de la confirmation des privilèges donnés en faveur des habitants de la basse cour du château de Linières.

§

Mais si les revenus de Jean du Mas devaient être considérables, il savait dépenser largement, et sa bourse était grande ouverte pour encourager les artistes de son temps. Nous avons tout lieu de croire qu'il fit faire au château de l'Isle d'importantes réparations et que le bâtiment contenant l'élégante chapelle que l'on admire encore aujourd'hui fut, sinon construit, au moins restauré et décoré par ses soins dans le goût de l'époque. Il est probable qu'il fit entreprendre également à l'église Saint-Martin de Touchay des travaux analogues dans le chœur et dans une chapelle latérale, consacrée à la Vierge, qui offre de grandes analogies avec l'oratoire du

1. V. *les Pièces justificatives de l'histoire de Louis XII* par G. de Jaligny. — V. aussi par exemple la nomination du maréchal de Gié à la lieutenance générale d'Anjou le 20 octobre 1489 rapportée en note dans les *Procédures politiques de Louis XII*.
2. Abbé Périgaud, ms. cité.

château et où nous avons vu qu'un de ses ancêtres avait été inhumé.

En véritable grand seigneur, Jean du Mas était non seulement un amateur des arts mais aussi un lettré ; il possédait une importante bibliothèque de manuscrits dont on peut voir plusieurs précieux échantillons conservés à la Bibliothèque nationale [1]. Ces livres sont les types les plus ravissants des manuscrits enluminés du xve siècle. L'un d'eux [2], la *Chronique de France de Saint-Denys*, avait appartenu au duc Jean de Berri qui y a apposé sa signature, puis il passa à « la Duchesse de Bourbonnais et d'Auvergne » Anne de France. Il porte les armes du duc Jean, puis à côté, et, sans doute ajoutées plus tard, celles des du Mas avec les émaux que l'on retrouve sur les écus des hottes des cheminées du château [3]. On lit sur la dernière page « ce livre est au duc de Berry. — Jehan. — Et de présent à Jehan Dumas, seigneur de l'Isle. — Dumas ». Les enluminures sont d'un style gracieux et d'un coloris charmant ; les scènes de la vie des rois de France y sont représentées avec une naïveté, et, en même temps, une science qui révèlent un maître.

Un autre volume est la « *Légende dorée* de Jacques

1. Mgr le duc d'Aumale, dans ses *Notes sur deux petites bibliothèques françaises de la fin du* xve *siècle* (Philobiblion Society Miscellanies, vol. Ier, 1854). a décrit douze manuscrits somptueusement décorés qui ont appartenu à Jean du Mas, puis aux familles de Montmorency et de Condé et qui se trouvent à Chantilly.

2. Bibl. nat. f. fr. ms. 2,608 (vidi.).

3. D'or à la fasce de gueules accompagnée de trois tourteaux d'azur, deux en chef et un en pointe.

de Voragine[1] », on lit sur le dernier feuillet : « Ceste légende dorée est à Jehan Dumas s^r de lîle ouquel a cent soixante-seize histoyres. — Dumas. » Les miniatures sont peut-être encore plus délicates que celles de l'ouvrage précédent ; on y retrouve cette limpidité dans le gamme des couleurs, cette conscience dans les détails, cette touchante sincérité dans les expressions qui semblent être l'apanage des peintres de Cologne ou de Bruges et ces petits chefs-d'œuvre pourraient être signés Breughel le Vieil ou Van Eyk. Ce livre semble avoir été composé tout exprès pour le seigneur de l'Isle : son écusson est reproduit à la première page, timbré du bonnet de chambellan, surmonté d'une tête de lion avec deux aigles en supports ; on retrouve ce blason dans tout le cours de l'ouvrage, tantôt formant avec des lettres initiales une heureuse combinaison, tantôt se mêlant aux guirlandes des marges dans un élégant enlacement. On le voit à la seconde page du manuscrit accolé à un autre qui est coupé de gueules et d'azur chargé de trois quinte-feuilles d'or posées deux et une[2].

Enfin citons « *le livre de la propriété des choses* de Barthélemy l'Anglais »[3] dont les miniatures enluminées par Everard d'Espingles ne sont pas inférieures aux précédentes.

Jean du Mas était donc non seulement un noble chevalier, mais un grand seigneur dans le sens complet du

1. Bibl. nat. f. fr. ms., 648 (vidi.).
2. Sans doute les armes de la femme du seigneur de l'Isle, Carbonnel de Canizy. Cependant les auteurs héraldiques donnent cette famille : coupé de gueules sur azur à trois besants d'argent chargé d'hermines.
3. Bibl. nat. f. fr. ms. 9,140 (vidi.).

terme. Une médaille[1] le représente sous ce double aspect (V. la planche ci-jointe). Au droit il est en buste : la figure est grave et intelligente, encadrée d'une barbe courte qu'il porte entière et de cheveux rognés au-dessous de l'oreille suivant la mode de l'époque ; le profil est accentué, le regard profond et connaisseur ; autour on lit : « I. Dumas chevalier s^r de lisle et de Bannegon cham-« bellan du Roy. » Au revers, Jean du Mas est figuré à cheval, coiffé d'un casque qui se termine en arrière par un couvre-nuque ; il porte une armure ; la main droite tient une lance, la gauche dirige sa monture de guerre, au côté pend une épée. Le cheval est caparaçonné de fer et porte sur la croupe et sur l'épaule l'écu des du Mas ; au-dessus court la devise : « presit decus ».

1. D'un article de M. Aloïss Hess paru dans l'*Annuaire de la Société française de Numismatique et d'Archéologie*, année 1884, sous ce titre : *Médailles de personnages français exécutées à Lyon, en 1494, par Niccolo Spinelli de Florence*, il résulte que la médaille de Jean du Mas, que nous donnons dans la planche ci-jointe, d'après une ancienne reproduction en plomb du musée de Bourges, serait l'œuvre de cet artiste italien. M. Heiss la décrit ainsi d'après un exemplaire de la collection Prosper Valton à Paris : I. DVMAS. CHEVALIER. SR. DE. L'ISLE. ET. DE. BANNEGON. CHAMBELLAN. DV. ROY. Buste à gauche, tête nue. – ℞. PRESIT. DECUS. Jean du Mas en armure, tenant le bâton de commandement, sur un cheval armé et couvert d'un caparaçon orné de l'écu des seigneurs de l'Isle. — D. 80. Et il consacre à Jean du Mas une courte notice à laquelle nous nous bornons à renvoyer. Cette médaille avait déjà été publiée dans l'*Annuaire de la noblesse* de Borel d'Hauterive (année 1877, p. 162), comme faisant partie de la collection Dreyfus. M. de Cazenove, descendant de la famille du Mas, en possède un moulage, il a bien voulu nous en offrir une photographie.

§

Jean du Mas avait épousé Jacqueline Carbonnel[1] de la famille des Carbonnel Canizy[2]. De ce mariage il eut deux fils, Albert et Jacques, dont nous parlerons plus loin, et plusieurs filles, Jacqueline, Claude et Françoise au sujet desquelles nous croyons devoir donner quelques détails qui édifieront sur le monde dans lequel vivaient leurs parents.

Nous avons dit que Jacqueline avait été élevée avec ou plutôt par la fille du roi Louis XI, Anne de France, depuis duchesse de Bourbon. Celle-ci chercha à marier sa jeune compagne d'une façon digne de l'amitié qu'elle avait pour elle. D'ailleurs à cette époque le duc de Bourbon qui allait nommer Jean du Mas capitaine châtelain du château d'Ainay le Chastel[3] avait une dette à remplir vis-à-vis de son chambellan. Le précédent duc de Bourbon, Jean II, dit le Bon, celui-là même à qui Anne de Beaujeu avait su, par son habileté, soustraire la régence, était mort sans enfant le 1er avril 1488, mais il avait deux frères : l'aîné, Charles de Bourbon, archevêque de Lyon, prélat querelleur et turbulent, aux mœurs plus ou moins régulières, et Pierre de Beaujeu, mari d'Anne de France. Il s'agissait pour celui-là de soustraire à son frère aîné le duché de Bourbonnais

1. ANSELME, *loc. cit.*

2. Renseignement communiqué par M. de Cazenove.

3. ANSELME, *loc. cit.* Cette nomination fut confirmée par lettres données aux Montils le 28 décembre 1491. — BOREL D'HAUTERIVE, *loc. cit.*, donne la date de 1481. Nous croyons qu'il y a là une erreur.

laissé vacant par la mort de Jean. L'habile et astucieuse fille de Louis XI entreprit cette tâche et elle envoya auprès de son beau-frère son chambellan Jean du Mas[1] avec mission d'amener une renonciation. Le seigneur de l'Isle, accompagné de quelques gentilshommes de l'entourage de la Régente, se rendit auprès du cardinal Charles de Bourbon. Celui-ci, accablé d'infirmités que lui avait values sa vie aventureuse, menacé d'une mort prochaine, finit par céder et abandonna à son frère tous les domaines qu'il tenait de Jean, ne se réservant que la seigneurie de Beaujolais et sacrifiant le titre de duc de Bourbon[2]. Le succès de Jean du Mas avait été complet, aussi le nouveau duc ne devait pas se montrer ingrat : lorsque Jacqueline du Mas fut en âge de se marier, il fit demander sa main par l'héritier d'une des plus illustres maisons du royaume : Gilbert de Levis, seigneur de Mirbel et de la Voulte. La maison de Levis était de haute origine[3] ; la légende la fait remonter jusqu'à la tribu de Lévi du peuple Juif ; elle s'était vu attribuer le comté de Ventadour par le mariage de Louis de Levis, seigneur de la Voulte, avec Blanche de Ventadour, fille de Louis de Ventadour et de Catherine de Beaufort, en 1472[4].

Louis de Levis était, ainsi que Jean du Mas, chambellan de Charles VIII, et son fils Gilbert avait été élevé comme enfant d'honneur du roi[5]. C'est sans doute à la

1. V. Borel d'Hauterive, *loc. cit.*
2. Michaud, *Biographie universelle.*
3. Elle blasonne d'or à trois chevrons de sable.
4. Moreri.
5. Anselme, ibid. — Sandret, *Rev. nob.*, t. X, p. 22. Bibl. nat. f. fr. ms. 20,229, cote 206.

cour de France qu'il connut sa fiancée, et lorsque celle-ci eut onze ans, il l'épousa. Le contrat fut passé le 22 novembre 1450[1] par devant Jean Baudreuil « garde du scel établi par le roi en la paroisse de Saint-Pierre-le-Moutier ». Il porte que, en considération du mariage de sa fille Jacqueline « le noble et puissant seigneur « Messire Jean du Mas, seigneur de Lisle et pour iceluy « accomplir, lui donne et constitue en dot pour tous « ses droits paternels et maternels, la somme de « six mille livres tournois monnayés, sonnants, dont « la tierce portion en nature et meubles et dont le sur-« plus monte à quatre mille livres, de harantayé au « profit de leur fille selon la coutume du pays de Bour-« bonnois. »

Quant au futur, il recevait en dot la moitié des biens présents et à venir de son père, non compris les biens de sa mère. C'est alors qu'interviennent dans le contrat Pierre de Beaujeu et Anne de France : il existait depuis de longues années un procès entre les ducs de Bourbon et les seigneurs de Levis, au sujet de l'importante propriété du Comté de Villiars, de Don, Mazillac, Vachères, Vauvert, Porsain, Marguerittes et Annonay[2]. Tous ces droits, le duc de Bourbon les abandonna en faveur de Gilbert

1. Ce contrat existe en double aux arch. nat. L'original est sur parchemin et la copie est sur papier; *Titres de la maison ducale de Bourbon*, P. 1397 [3], cote 1148 et P. 1362 [3], cote 1,148 (vidi.).

2. Il y a à ce sujet une procédure qu'il serait très intéressant d'étudier et qui épuisa toutes les juridictions et même donna lieu à l'intervention papale. - Arch. nat., titres de la maison ducale de Bourbon, P. nos 1,375 [1], cote 2,496; — 1,362 [2]. cotes 1,026, 1,029, 1,114, 1,141; — 1.362 [1], cote 1,017 ; — 1,362 [3], cote 1.142.

de Levis. « Item en faveur et contemplation du dict « mariage, mes dicts seigneur et dame suffisamment « autorisée de mon dit seigneur et duc (de Bourbon- « nais) par amour qu'ils ont des dicts seigneurs de la « Voulte et de l'Isle, singulièrement de la dicte Jacque- « line qui a été nourrie avec ma dicte dame... ap- « prouvent la convention, cèdent et transportent au « seigneur de la Voulte tous les droits et actions, etc. »

Certes le cadeau n'était pas banal, et la haute intervention qui apparaît à ce contrat n'était pas un mince titre d'honneur pour Jean du Mas. D'ailleurs il ne semble pas que le gendre de celui-ci ait eu dans la suite à se plaindre de la fortune : Gilbert de Levis devint grand pannetier du roi, en 1496 ; plus tard, il accompagna François Ier dans ses guerres ; il combattit avec courage à Marignan où il fut blessé, et il mourut en 1529. Son corps fut inhumé dans l'abbaye de Saint-Rulfe près Valence, lieu ordinaire de sépulture des membres de sa famille [1]. Quant à sa femme, elle vécut jusqu'à un âge avancé et mourut en 1566, à quatre-vingt-six ans [2]. Disons pour terminer qu'elle eut quatre enfants et que tous firent bonne figure dans le monde [3]. Gilbert II qui continua la lignée de la maison de Ventadour, bientôt érigée en duché-pairie, et épousa Suzanne

1. Anselme, *loc. cit.*

2. Bibl. nat. f. fr. ms. 24,008, p. 1,825 et 24.048, p. 241. — Ces deux manuscrits disent par erreur évidente que Jacqueline du Mas était fille de Jacques du Mas Ier de l'Isle, chambellan du roi de Sicile, grand maître des eaux et forêts. C'est Jean du Mas qu'il faut lire. On sait que Charles VIII porta le titre de roi de Sicile. V. Jaligny, *loc. cit.*, p. 147.

3. Borel d'Hauterive, *loc. cit.*

de Leyre [1]; Pétronille qui, veuve d'André de Crussol, se remaria en 1524 avec Joachim de Chabanne; Blanche qui devint baronne du Sault par son mariage avec Louis d'Argout[2]; enfin Jacqueline qui épousa, le 28 juillet 1539, Jean de Damas, baron de Digouin, seigneur de Clessy, du Cheylard, de Mareuil, capitaine de cinquante hommes d'armes, chevalier de l'ordre du roi, lieutenant du roi en Bresse. Ajoutons à ce propos que si la fille du seigneur de l'Isle se montra sans doute bonne fille, bonne épouse et bonne mère, elle ne fut cependant pas le modèle des belles-mères, car en 1547, son gendre, Jean de Damas, était obligé de protester contre la prétendue détention dont sa femme était l'objet de la part de sa belle-mère qui refusait de se séparer de sa fille, et il était obligé de lui faire sommation pour rentrer en possession de son épouse [3]. Il devait s'en séparer judiciairement en 1550.

La seconde fille de Jean du Mas, Claude, contracta une alliance non moins illustre : elle épousa Adrien de Hangest [4], fils de Jean de Hangest, conseiller chambellan du roi. Lui-même parvint aux plus hautes dignités à la cour, il fut à son tour conseiller chambellan du roi, puis bailly et capitaine d'Evreux et du château du Louvre, seigneur de Genlis et enfin, en 1520, grand

1. Bibl. nat. f. fr. ms. 24,048 précité.

2. D'après Bibl. nat. ms. f. fr., 24.048 précité, elle aurait épousé Louis de Paule, baron de Roussillon.

3. Arch. du Cher, E. 1.118. C'est M. de Cazenove qui a bien voulu nous indiquer cette pièce. V. aussi *Généalogies berruyères* par le comte de Maussabré, *Mémoires de la Société des Antiquaires du Centre,* XXI• volume, p. 212 et suiv.

4. Hangest porte d'or à la croix de gueules, chargée de cinq coquilles d'argent.

échanson de France [1], ce qui était une des plus grandes charges du royaume. Adrien de Hangest mourut en 1532, et Claude du Mas en 1535, laissant quatre enfants : Jean qui fut évêque de Noyon en 1577 [2] ; François qui succéda à son père dans la charge de capitaine du château du Louvre, et serait mort de la rage à Strasbourg ; N... qui se distingua à la bataille de Cérisoles, et fut tué à Châlons en 1544, et Jean qui eut la seigneurie d'Ivoy, du chef de sa mère Claude du Mas. Il prit, comme protestant, et sous le nom du capitaine d'Ivoy, une part active aux guerres de religion, s'empara de Bourges en 1562, et mourut sans laisser de postérité.

La dernière fille de Jean du Mas aurait été Françoise; elle est citée comme ayant épousé Adrien de Genlis [3]. Il y a tout lieu de croire qu'elle doit se confondre avec Claude dont nous venons de parler.

Jean du Mas avait richement marié ses enfants, il avait dignement et honorablement rempli ses charges à la cour. Malgré les faveurs dont il avait été comblé, il faut croire qu'il ne s'était pas enrichi, car nous voyons que le roi est bientôt obligé de faire à son favori de nouvelles générosités. Par lettres adressées de Montils-lès-Tours du 28 décembre 1491, Charles VIII lui faisait payer en 1493 « une somme de 4,000 écus d'or en récompense de ses services et frais qu'il avait faits en Picardie, l'année précédente, pour ses affaires urgentes et des dettes qu'il avait contractées en mariant ses

1. Moreri. — Anselme, VII, p. 747.
2. Anselme, II, p. 297.
3. Abbé Périgaud, ms. cité.

filles, et ce en outre des bienfaits qu'il avait reçus du roi et qu'il pourrait en recevoir à l'avenir [1]. »

C'est en Italie que devait mourir Jean du Mas. Il accompagna le roi dans cette promenade plus triomphale que belliqueuse et il était, le 4 mai 1495, à côté de Charles VIII quand celui-ci fit son éclatante entrée à Naples ; mais il ne le suivit pas à son retour en France, il resta pour accomplir certaine mission sur laquelle nous n'avons pas de détails. Il ne devait pas en revenir : il mourut à Florence le 13 juillet 1495 et y fut inhumé dans l'église de l'Annonciata [2].

Jean du Mas avait été chambellan et conseiller de Louis XI, de Charles VIII et du duc de Bourbon, écuyer d'écurie de Louis XI, grand-maître enquêteur et réformateur des eaux et forêts de France, bailli du Cotentin, vicomte de Murat, baron de Tourville, capitaine de Pontorson, capitaine d'Ainay-le-Chastel, seigneur de l'Isle, de Bannegon, d'Ivoy [3], de Vigouroux, de Renneville et de la Chapelle.

IV

JACQUES II DU MAS.

L'un des fils de Jean fut Jacques IIe du nom ; il est qualifié seigneur de l'Isle en 1507, quoique cependant,

1. Anselme, VIII, p. 899.
2. Nous devons ces derniers renseignements à l'obligeance de M. de Cazenove.
3. M. Buhot de Kersers, *loc. cit.* dit que Ivoy aurait été porté dans la famille du Mas par Jehanne de Rochechouart. Nous n'avons rien pu découvrir se rattachant à ce fait.

à la même époque, son frère Robert portât déjà ce titre, ainsi que nous allons le voir dans la suite[1]. Il prit aussi le nom de seigneur d'Ivoy[2], et aurait possédé également la seigneurie de Bannegon en 1516[3]. Il n'aurait pas eu d'enfants.

Il prit part sous Louis XII aux guerres d'Italie, et s'y fit remarquer dans deux circonstances qu'il est intéressant de signaler.

C'était en 1507, Louis XII avait déjà perdu le royaume de Naples, il venait, pour combattre les Vénitiens, de contracter une alliance avec ce même pape Jules II qui lui avait suscité de graves embarras pendant la dernière campagne, lorsqu'une révolte éclata à Gênes. Il fallait se hâter d'arrêter ces troubles si la domination française ne voulait pas se voir tenue tout à fait en échec dans l'Italie. Le roi partit donc lui-même pour l'Italie et rassembla autour de Gênes une importante armée qu'il fit avancer devant la ville en passant par les gorges de Pozzevera (Poulcevera). C'est là qu'eut lieu un engagement dont Jacques du Mas fut le héros. Les rebelles ayant appris le mouvement de l'armée française, avaient envoyé un parti des leurs défendre ces défilés montagneux. Ceux-ci construisirent sur la hauteur un camp retranché qui dominait le passage. C'est alors que Charles d'Amboise, commandant pour le roi, « appela un jeune gentilhomme, nommé Jacques du Mas, sei-

1. Jean d'Auton, *Exorde sur les gestes annales du christianissime roi Louis XIIe du nom.* Collection de l'Histoire de France, t. IV, p. 183.
2. Buhot de Kersers, *loc. cit.*, canton de La Chapelle-d'Angillon.
3. Ibid.

gneur de l'Isle, lui bailla [1] » un certain nombre de soldats et lui donna mission d'aller reconnaître et de forcer le passage. Jacques du Mas s'adjoignit quelques compagnons et partit à la tête de sa troupe ; « mais « ceux-ci n'eurent guère monté, que villains de toute « part leur furent en barbe et commencèrent à bien « escarmoucher [2]. » Le combat fut vif : les ennemis descendaient les pentes de la montagne, se précipitaient sur les Français et, pendant que ceux-ci cherchaient à réparer le désordre mis dans leurs rangs, ils remontaient dans les retranchements et accablaient les assaillants d'une grêle de traits. Cependant l'attitude martiale de cette poignée de Français vint à bout des Génois qui, au nombre de 600, durent abandonner leurs positions [3]. Jacques du Mas avait accompli courageusement sa mission.

Il devait également pendant le siège de Gênes se conduire avec éclat. Il faisait partie des troupes qui tenaient en échec les Génois occupant les positions qui dominaient la ville. Les Suisses voyant le danger de l'attaque avaient refusé de marcher ; Louis XII dut avoir recours à ses chevaliers : c'est là qu'on vit donner la fine fleur de la noblesse française, la plupart gentilshommes de la maison du roi : Jacques de Bourbon Comte de Roussillon, Jean Stuart, Jacques de Rohan, Meri de Rochechouard, le chevalier Bayard, Louis de Genlis ; « là aussi, dit le chroniqueur, était à cheval « Jacques du Mas, seigneur de l'Isle... lesquels firent

1. JEAN D'AUTON, *ibid.*
2. Ibid.
3. GUICHARDIN, *Histoire.*

« une sanglante exécution de Gennevoys qui toujours « se défendoient et eux retirant en la cime de la mon- « tagne, et tant de traits tirèrent que quatre-vingts « Français et Allemands y moururent et plus de quatre « cents y furent blessés[1]. »

Nous ne savons pas autre chose sur Jacques du Mas, mais ces deux faits d'armes constituent des « états de services » suffisants pour que le seigneur de l'Isle mérite de ne pas se voir oublié.

V

ROBERT DU MAS. — PIERRE II DU MAS.

Robert du Mas semble avoir été le fils aîné de Jean ; c'est lui qui continua la lignée de sa maison. Il porta les titres de seigneur de l'Isle, le Coudray, Felletin, Hauterive et de Boisgueffier en Berri, terre que possédait déjà Pierre Ier mais que nous n'avons pas retrouvée dans la liste des fiefs de Jean. Il semble qu'il hérita auprès de Charles VIII et de Pierre de Beaujeu de la faveur dont jouissait Jean du Mas, quoique le rôle qu'il joua n'ait pas été si important; tout au moins, nous n'avons pu en retrouver trace.

Il fut cependant chambellan de Charles VIII[2] et il semble qu'il ait accompagné ce dernier pendant l'ex-

1. D'Auton, *loc. cit.* V. aussi Daniel, *Histoire de France*, VII, p. 138.

2. La Chesnaye-Desbois, *Dictionnaire de la noblesse*. — Robert de Briançon, *État de Provence dans sa noblesse*, II, 35. — Borel d'Hauterive, *Annuaire de la noblesse*, 1852.

pédition d'Italie, mais il ne resta pas après la campagne comme le fit son père et il était avec le roi quand celui-ci revint en France[1].

Le duc de Bourbon lui octroya la succession de Jean du Mas dans la charge de capitaine chatelain d'Ainay-le-Chastel[2] par lettres données à Lyon le 21 novembre 1495, et le dernier jour de novembre 1503, il le nomma capitaine du château de Crozan, dans la Marche, importante forteresse dont les ruines grandioses couronnent encore aujourd'hui l'un des sites les plus sauvages et les plus pittoresques des bords de la Creuse.

Il épousa le 29 mai 1505, Jeanne de Fontenay, nièce d'un des compagnons de son père à la cour, Amaury de Fontenay, chambellan du roi ; celle-ci d'une noble maison du Bourbonnais, qui devait bientôt se confondre avec celle de Montsaulnin, lui apporta en dot la terre de Riffardeau qu'elle tenait de son père, Jean de Fontenay, seigneur de Moison, Montigny et Riffardeau, époux de Louise de Saint-George et qu'il avait achetée vers 1479[3].

Robert du Mas mourut en 1525 ou 1526 laissant sept enfants ; trois filles : Gilberte et Catherine dont nous ne savons rien ; Françoise qui épousa N... seigneur de Verrières, et quatre fils : Jean, Jacques et Pierre que nous étudierons séparément, qui tous portèrent le nom de seigneur de l'Isle, et enfin N... qui embrassa la vie religieuse[4].

1. Renseignement fourni par M. de Cazenove.
2. Borel d'Hauterive, *ibid.* — Anselme, *loc. cit.*
3. La Thaumassière, *Histoire de Berri*, IX, lvi.
4. Abbé Périgaud, ms. cité.

Robert du Mas avait en 1505 acheté la seigneurie d'Hauterive[1] située sur les bords de l'Arnon à peu de distance de l'Isle. Quelque temps après la mort de son mari, Jeanne de Fontenay eut sans doute à traverser quelques moments difficiles car elle fut sur le point de vendre Hauterive à sa belle-sœur Françoise (ou Claude[2]) que nous avons vu épouser Adrien de Genlis. Les fermiers, comme aujourd'hui, étaient récalcitrants pour payer, et il fallait trouver de l'argent. Mais si nous avons bien compris le passage du manuscrit qui rapporte ce fait[3], Jeanne de Fontenay put faire rentrer ses fermages et la vente fut annulée. La veuve de Robert du Mas mourut vers 1550 ou 1552[4].

1. BUHOT DE KERSERS, *loc. cit.*
2. Voir plus haut, p. 44.
3. Abbé PÉRIGAUD, ms. cité. On y lit le curieux passage suivant d'après M. Bauldon : « En 1528, en présence de Jean Deblois, « notaire royal à Concressault demoiselle Jeanne de Fontenay, « dame de Riffardeau, veuve de Robert du Mas, en son vivant, « seigneur de l'Isle et d'Hauterive, tant en son nom qu'en la « garde de Jehan, Jacques, Pierre, Françoise, Philiberte et « Catherine Dumas, ses enfants, vendit à noble et puissant « seigneur Adrien de Genlis et dame Françoise Dumas, son « épouse, sœur dudit défunt Robert, le château et terre d'Hauterive tenu en fief et justice du seigneur baron de Linières aux « charges anciennes qui sont 10 livres de rente pour le luminaire de la chapelle du dit lieu, envers le vicaire et chapelain d'icelle, 20 livres de rente dus au curé de la Celle, 5 aux « religieux de Chezal-Benoît, et 38 livres de rente à elle vendresse « et autres moyennant la somme de 3,590 livres payée « comptant en acquit de la vendresse à plusieurs créanciers en « écus d'or au soleil aujourd'hui Louis d'or de 20 livres qui « valaient 41 livres tournois. Mais tôt après la dite dame retira « cette terre et fit compter l'argent par Mre François Amourette « licencié en lois, fermier de l'Isle et Pierre Marchand fermier « de Hauterive en présence de Pierre Cauchois, notaire. »
4. Son testament est du 6 janvier 1550. — ROBERT DE BRIANÇON, *loc. cit.*, II-125.

§

Des fils de Robert Dumas et de Jeanne de Fontenay, Jean et Jacques semblent être restés seuls en Berri. Pierre II, qui porta cependant le nom de seigneur de l'Isle et de Bannegon, se retira dans le pays de Foix, sans doute au moment de son mariage qui eut lieu le 4 décembre 1528 avec Marie Dupuy, fille de Marie Jérôme Dupuy, seigneur de Pradies, gouverneur et capitaine du château de Bastide.

Pierre du Mas était capitaine de cent hommes d'armes et fut nommé par François Ier commandant du quartier des Bordes, titre qu'on retrouve rapporté dans son testament le 4 juillet 1539 et dans celui de sa veuve le 14 mai 1546. En 1542 il reçut encore en qualité de seigneur de l'Isle aveu de servitude de Jean Roulet demeurant à la Marche [1]. Il mourut de blessures reçues au service et laissa deux enfants : une fille, Jacqueline, et un fils, Armand, qui embrassa la religion réformée et dont la postérité s'est continuée jusqu'à notre siècle sous le nom de du Mas de Marveille [2].

1. Arch. nat., série P, 798 (II). Reg. in-f°, titre du duché de Châteauroux.

2. Borel d'Hauterive. *loc. cit.*, 1852. C'est à un des descendants de cette branche, M. de Cazenove, que nous devons plusieurs des renseignements reproduits ci-dessus : M. de Cazenove, avec la plus gracieuse obligeance, a bien voulu nous mettre au courant du résultat des recherches qu'il a entreprises sur sa famille et faciliter ainsi notre travail par son érudition et sa courtoisie. Nous lui en exprimons nos remerciments les plus sincères.

VI

JEAN II ET JACQUES III DU MAS.

Jean et Jacques semblent avoir possédé l'Isle simultanément à la mort de leurs parents. Cela paraît ressortir de l'ordonnance de terrier rendue par François Ier en 1546 en faveur de « Jean et Jacques du Mas, « écuyers, seigneurs de l'Isle, Chanceaux, Felletin et « le Coudray [1]. » D'après ce terrier, à cette époque la seigneurie de l'Isle atteignait les localités suivantes : La Noue, les Mottes, le Perron, Malleray, les Mousseaux, Touchay, la Ruelle, Saint-Hilaire, les Chenuats, Rezay, Préalle, les Martinats, les Cotes et les Matherons.

Nous retrouvons encore ces deux frères plaidant ensemble contre Jean Acarie, seigneur de Bourdel en 1552 [2]. Mais peu de temps après, ils se séparèrent. Jacques eut alors Riffardeau et Bannegon, qu'il habita sans doute [3]. Il mourut vers 1555 après avoir épousé Françoise de Sorbiers [4] dont il n'aurait eu qu'un fils, Antoine du Mas, sieur de Riffardeau dont la postérité ne nous est pas connue.

Jean, qui posséda seul la terre de l'Isle quand son frère se fut retiré à Bannegon, ne semble pas y avoir beaucoup résidé. Cependant il est cité au nombre des

1. Arch. du Cher, E-800 copie collationnée faite en 1722.
2. Anselme, *loc. cit.*
3. Buhot de Kersers, *loc. cit.*
4. La noble famille de Sorbiers était de Châtillon-sur-Indre. La Thaumassière, XI, L, 1.

seigneurs de Berry qui assistèrent à l'assemblée réunie en vertu de l'ordonnance du 9 juillet 1539 par le rédacteur des coutumes. Il épousa le 27 décembre 1542, Honorade de Castellane, fille de François de Castellane, baron d'Allemagne et de Jeanne Gaste de la Barge, dame d'Oize et de Vitrolle [1]. La maison d'Allemagne appartenait à la plus haute noblesse de Provence et prétendait retrouver son origine dans les premiers rois de Castille [2]. Ce mariage honorable appela Jean dans le pays de sa femme, mais il ne négligea pas ses propriétés du Berri. C'est ainsi que nous le voyons, en 1546, vendre à Claude de Laubespine la terre de Hauterive sur laquelle celui-ci fit bâtir un château princier dont il reste à peine quelques ruines aujourd'hui [3]. C'est ainsi encore qu'il rendit, en 1559, hommage pour l'Isle à Charles de La Rochefoucault, seigneur de Linières [4]. Jean du Mas laissa trois enfants, Nicolas, Timothée et Sara. Cette dernière épousa Thadée Baschi, seigneur de Saint-Estève et en deuxièmes noces, Simon de Villeneuve, seigneur de l'Espinouze.

1. La Chesnaye-Desbois, *loc. cit.*
2. Moreri.
3. M. Buhot de Kersers dit que Jean II du Mas vendit la terre de l'Isle à Claude de Laubespine ; c'est évidemment Hauterive qu'il faut lire. Voir d'ailleurs ce que dit le savant archéologue sur cette dernière terre.
4. Abbé Périgaud, ms. cité. Charles de La Rochefoucault fut seigneur de Linières de 1559 à 1583.

VII

TIMOTHÉE ET NICOLAS DU MAS.

Avec Timothée et Nicolas du Mas, la terre de l'Isle devait sortir de cette maison. Le père de ces deux seigneurs mourut-il en laissant une situation embarrassée ? Son mariage ne semblerait pas devoir autoriser à le penser, non plus que les alliances brillantes que contractèrent ses enfants. Il faut plutôt dire que cette famille qui avait quitté le Berri pour vivre en Provence et dans le midi chercha à se défaire d'une terre éloignée, située en dehors de son rayon d'existence. Cependant nous voyons que Timothée du Mas n'accepta la succession de son père que sous bénéfice d'inventaire : Henri III rend en effet une ordonnance de terrier en 1576 en faveur de : « notre cher et bien-aimé Timothée « du Mas, seigneur de l'Isle et des seigneuries de « Chanceaux, Boys de Lafont et Felletin, héritier sous « bénéfice du défunt, Jean du Mas, son père[1]. » Ce terrier fut terminé en 1578 et nous verrons qu'en 1579 la terre de l'Isle était passée à d'autres mains.

Timothée mourut vers 1576 ; il avait épousé Françoise d'Albert, fille d'Antoine d'Albert, seigneur de Rogasse et d'Honorade de Bernus. Sa femme lui avait apporté en dot la seigneurie de Lac qu'elle reprit à son veuvage et qu'elle donna le 14 juillet 1577, à son second

1. Arch. du Cher, E, 801.

mari, François de Vintimille, des comtes de Marseille, baron de Tourves, gouverneur de Provence[1].

§

Nicolas rendit hommage pour l'Isle à Charles de la Rochefoucault, seigneur de Linières, le 27 septembre 1576[2], sans doute à la mort de son frère qui n'eut pas d'enfants et dont il hérita. Il avait également bénéficié de l'héritage de son oncle, Melchior de Castellane, baron d'Allemagne, en 1558, à la condition de porter le nom et les armes de cette maison.

Il fut chef du parti des Huguenots et fut tué à la bataille qui eut lieu entre Allemagne et Riez[3] et où Lesdiguières infligea au sieur de Vins, commandant pour la Ligue en 1586, une sérieuse défaite[4].

Il avait épousé Jeanne de Grasse, fille de Claude, comte de Bar et eut des enfants qui ont continué la postérité des comtes d'Allemagne et des du Mas de Castellane dont descendait le maréchal de l'Empire[5].

1. Anselme, *loc. cit.*
2. Abbé Périgaud, ms. cité.
3. Riez, chef-lieu de canton des Basses-Alpes.
4. Davila, *Histoire des guerres civiles*, I-viii, p. 526.
5. Communiqué par M. de Cazenove.

VIII

BEAUFORT MONTBOISSIER, MARQUIS DE CANILLAC, SES CAMPAGNES PENDANT LA LIGUE. — SA MORT, SON FILS. — PREMIER SIÈGE DU CHATEAU DE L'ISLE.

De la famille du Mas, la seigneurie de l'Isle passa entre les mains de celle des Beaufort-Montboissier Canillac.

Les Montboissier prenaient leur origine de Hugues-Maurice, surnommé le Décousu[1] qui vivait en 966, et plusieurs d'entre eux furent illustres. Vers la fin du XVe siècle ou au commencement du XVIe, Jacques, fils de Jean, seigneur de Montboissier, et d'Isabeau de Beaufort, hérita de son oncle maternel Jacques de Beaufort, marquis de Canillac, vicomte de la Motte[2], à la charge de porter le nom et les armes des Beaufort[3]. Ce fut cette branche qui posséda l'Isle après les du Mas.

1. DECOURCELLE, *Dictionnaire de la noblesse*. — MORERI.

2. La maison de Beaufort remonte à Roger ou Rogier qui prit son nom d'une terre située en Limousin. Le nom de Beaufort lui vint d'un autre fief dépendant de la province d'Anjou, qui fut donné à Guillaume II, seigneur de Rozier par Philippe de Valois. Cette famille alliée aux plus considérables du royaume a donné naissance aux papes Clément VI, 1342-52, et Grégoire IX, 1370-78.

3. Ecartelé au 1 et 4 d'azur à un lévrier rampant d'argent colleté de gueules, à une bordure crénelée d'argent, qui est Montboissier ; au 2 et 3 d'argent à une bande de gueules accompagnée de six roses de même posées en orle, qui est Canillac ; sur le tout : d'or semé de croisettes de sable au lion de même brochant sur le tout, qui est Beaufort. La branche aînée de cette famille fut celle des comtes d'Alais, Champeaux, et Saint-Georges qui s'est éteinte en 1725. *Archives de la noblesse*, par LAINÉ, Auvergne. — *Armorial général*, Auvergne, II.

En effet nous voyons le 10 janvier 1579, « Jehan de « Beaufort, seigneur du fief de l'Isle, rendre hommage « à Charles de la Rochefoucault, seigneur de Linières [1]. » et quelques mois plus tard, le 4 juillet 1579, nous retrouvons « Messire Jean de Beaufort de Montboissier, « marquis de Canillac » donner une procuration à l'effet de rendre hommage à « Monseigneur le duc de « Montpensier, seigneur du Chastelet » pour raison des fief et seigneurie de l'Isle-sur-Arnon, Justice de Malleraye, les Mousseaux Vigoune, etc. [2] »

Jean de Beaufort Montboissier, marquis de Canillac, comte d'Alais, seigneur de l'Isle, était fils de Jacques de Montboissier, l'héritier de Jacques de Beaufort. Il épousa en 1565, Gilberte de Chabanne, fille de Joachim de Chabanne, marquis de Curton, sénéchal de Toulouse, chevalier d'honneur de la reine Catherine de Médicis et de sa quatrième femme Charlotte de Vienne [3]. Sans être parent de la maison des du Mas, le nouveau seigneur de l'Isle n'était pas étranger à cette famille ; son beau-père Joachim de Chabanne, qui s'était marié quatre fois, avait épousé en premières noces Pétronille (ou Péronelle) de Levis-Ventadour, veuve d'André de Crussol qui n'eut qu'un fils mort jeune, et qui, comme nous l'avons vu, était la petite fille de Jean du Mas, le

1. Abbé Périgaud, ms. cité.

2. Arch. de l'Indre, registre du duché-pairie de Châteauroux. — Acte sur papier coté n° 2... signé Simonneau, notaire. — François de Bourbon, duc de Montpensier, avait épousé Louise de Bourbon, femme d'André dernier des Chauvigny et par cela même héritier des biens de cette maison.

3. Bibl. nat. f. fr. ms. 24,048, p. 63. — Morери, à l'article Chabanne. V. plus haut, p. 43.

conseiller de Louis XI, de Charles VIII et du duc de Bourbon [1].

Le marquis de Canillac ne dut pas résider souvent dans son château de l'Isle quoiqu'il fut propriétaire d'autres fiefs voisins [2], mais ardent catholique, il se mêla aux luttes de la Ligue et s'y donna avec fougue.

Il était déjà dans l'Aunis en 1570. C'était l'époque où la guerre de religion se faisait avec le plus de violence dans cette partie de la France. L'armée royale venait de gagner l'éclatante bataille de Jarnac ; mais elle avait été battue à Saint-Jean-d'Angély ; c'est à la suite de ce succès que les protestants vinrent mettre le siège devant Saintes. Le lieutenant du roi, chargé de la défense de cette ville, était le futur seigneur de l'Isle. Jean de Beaufort avait avec lui 1,400 catholiques résolus à défendre héroïquement la place, mais la ville était mal située pour soutenir un siège ; elle était dominée par des collines qui en favorisaient l'attaque, et ses fortifications étaient en mauvais état. C'est sur les hauteurs environnantes que le chef des Huguenots, René de

1. Il est assez intéressant d'ajouter que le 8 juillet 1432, Pierre de Beaufort, vicomte de Turenne de la branche aînée des Beaufort dont le nom fut continué par les Beaufort-Canillac et plus tard par les Montboissier, avait épousé sans le consentement de ses parents Blanche de Gimelle dont il était éperdûment amoureux. De ce mariage naquit une fille, Catherine de Beaufort, dame de Chaslus qui épousa, en 1445, Louis, comte de Ventadour, seigneur des Granges, d'où une fille unique, Blanche, qui se maria, le 12 juillet 1472, à Louis de Levis, seigneur de la Voulte, lequel devint beau-père de Jacqueline du Mas, la favorite d'Anne de Beaujeu. V. plus haut, p. 40.

2. Le 11 juin 1582, il acheta la part de la terre de Culan possédée par Jean de Culan, seigneur de Brécy, gentilhomme ordinaire de la chambre du roi Henri III. — V. La Thaumassière, *Histoire de Berry*, l. IX, ch. xxiv.

Pontivy, vint établir son artillerie. Il pensait que la seule vue des canons, braqués sur la ville, suffirait pour intimider la défense, aussi, avant de commencer l'attaque, envoya-t-il un trompette sommer Beaufort de rendre la place. Le marquis de Canillac répondit que lui et les siens voulaient mourir sur les remparts plutôt que de souscrire à aucune condition. René de Pontivy commença alors le bombardement et en même temps dépêcha son lieutenant, Soubise, avec une colonne volante pour donner l'assaut. Canillac, à la tête des troupes du roi, s'élança contre les protestants, les repoussa furieusement jusque dans leurs retranchements où Soubise fut ramené blessé. Un second assaut fut encore repoussé avec la même vigueur, mais le bombardement continuait, tandis qu'à l'intérieur de la ville les vivres commençaient à manquer. Bien plus, les assiégés apprirent que Puygaillard qui devait accourir à leur secours venait d'être battu. Il fallut donc capituler, mais Beaufort obtint les honneurs de la guerre et put conduire ses troupes jusqu'à Saint-Jean-d'Angély avec armes et bagages[1].

Le marquis de Canillac était déjà depuis quelques années seigneur de l'Isle, lorsqu'il fut chargé d'une mission aussi délicate qu'importante, mais dans laquelle ses convictions de ligueur furent mises à une épreuve qui devait en avoir raison.

Marguerite de Valois, la célèbre femme d'Henri de Navarre, venait de quitter son mari sous le prétexte

1. Agrippa d'Aubigné, *Histoire universelle*, t. III, l. V, ch. XXVII. — Massion, *Histoire de l'Aunis et de la Saintonge*, t. IV, p. 227.

qu'il avait été excommunié par le Pape Sixte V, et vers 1585, elle s'était retirée dans sa ville d'Agen. Les habitants l'en chassèrent bientôt et elle dut se réfugier dans son château de Carlat ; là encore ne se croyant pas en sûreté, elle voulut chercher une retraite ailleurs. Mais le roi Henri III, par une de ces intrigues comme il s'en nouait et s'en dénouait tant à cette époque, voulant faire croire à la mort de la reine de Navarre pour pouvoir lui-même se rapprocher de son mari en faisant miroiter devant ses yeux la possibilité d'un autre mariage, dépêcha Jean de Beaufort [1] pour arrêter Marguerite et l'enfermer étroitement dans la forteresse d'Usson en Auvergne, château situé à pic sur un rocher et où il était facile de séparer un prisonnier du commerce des humains. Il ne devait pas être facile d'en séparer Marguerite : Jean de Beaufort s'empara cependant de la reine de Navarre et la conduisit à Usson. Là il commença par surveiller étroitement sa prisonnière, mais il avait affaire à forte partie. L'astucieuse Marguerite chercha-t-elle à corrompre son geôlier ? Celui-ci fut-il fatalement subjugué par des charmes qui s'étaient si souvent prodigués ? Toujours est-il qu'Amour eut raison de Mars et que Canillac devint éperdûment épris de la prisonnière. La jalousie même s'emparant de son cœur, il fit juger, condamner et pendre le dernier amant de la reine, un nommé Aubiac, ancien valet d'écurie, que par un caprice royal, celle-ci avait honoré de son attention.

Marguerite résolut de profiter du sentiment qu'elle

1. Sur cette intrigue et le rôle qu'y joua le seigneur de l'Isle, V. *Mémoires inédits* de MICHEL DE LA HUGUERYE, II, 373, édition de la Société de l'histoire de France.

voyait naître : elle sut si bien enjôler son gardien, que, pour plaire à sa dame, celui-ci changea complètement le personnel de la garnison et eut la complaisance de le remplacer par des hommes que désigna la prisonnière. Mais le tour était joué : le galant marquis ne devait même pas obtenir la récompense qu'il espérait et malgré ses supplications, et aussi, dit-on, la force qu'il ne dédaigna pas d'employer pour briser la résistance, une fois le château rempli de ceux que la reine y avait appelés, il en fut chassé et dut abandonner sa captive[1].

Nous ne savons comment Henri III récompensa le seigneur de l'Isle sur la façon dont il avait exécuté ses ordres ; cependant celui-ci n'en resta pas moins dévoué ligueur, et nous le retrouvons quatre ans plus tard en Touraine, commandant l'artillerie du duc de Mayenne, qui s'avançait sur Tours où le roi de France et le roi de Navarre venaient de se réunir en 1589. Établi à Châteaurenault, Mayenne apprenait que quelques compagnies royales, commandées par le comte de Brienne, occupaient Saint-Ouen, position située entre Châteaurenault et Amboise, il y envoya une troupe flanquée d'artillerie sous les ordres de son favori Canillac avec mission de le déloger. L'engagement fut assez vif, Brienne dut se rendre, mais le seigneur de l'Isle fut blessé à mort d'un coup d'arquebuse tandis qu'il s'occupait à dresser une batterie, le 28 avril 1589[2].

1. *Divorce satyrique.* — V. également les *lettres* de Marguerite de Valois, édition de l'*Histoire de France*, p. 208. — Mémoires de Marguerite de Valois, même édition, p. 3. — Michel de la Huguerye, *loc. cit.* — Davila, *Histoire des guerres civiles*, II, viii, p. 521.

2. De Thou, *Histoire universelle*, l. 95. — Pierre de l'Estoile,

§

Du mariage de Jean de Beaufort avec Jacqueline de Chabanne, nous ne connaissons qu'un fils : Jean-Timoléon de Beaufort Montboissier, marquis de Canillac, comte d'Alais, qui épousa Gasparde de Miolans, fille de Jacques de Mitte de Miolans, chevalier des ordres du roi, baron de Miolans, de Chevrières et de Saint-Chamont, lieutenant-général pour le roi au gouvernement du Lyonnais, Forez et Beaujolais. Ce fils habita-t-il l'Isle? fut-il même seigneur de l'Isle? nous ne saurions le dire. Il guerroya d'abord pour la Ligue en Auvergne, se rangea plus tard dans le parti d'Henri IV qui lui donna la charge de gouverneur de cette province [1], enfin mourut en 1598. Sa veuve, après avoir épousé en secondes noces Henri de la Châtre, comte de Nançay, contracta une troisième alliance avec Claude de Laubespine, marquis de Châteauneuf, seigneur de Saint-Julien, Beauvoir, Hauterive et Verrières, né le 5 avril 1575, maréchal de camp et frère du célèbre ministre d'État [2].

mémoires, journaux : *journal d'Henri III*, t. III, p. 285. — Davila, *loc. cit.* l. X, p. 691. Bibl. Nat. f. fr. ms. n° 24,048. p. 65.

1. V. Agrippa d'Aubigné, *loc. cit.*, p. 200, note 1. — Président Imberdis, *Histoire gén. de l'Auvergne*, t. II, l. V. Ces deux auteurs semblent parfois avoir confondu le père et le fils. — V. lettre d'Henri IV au marquis de Canillac. (Bibl. Nat. fond Béthune ms. 3,456), publiée dans les *Documents inédits de l'Histoire de France*, IX, p. 128.

2. De ce mariage ne naquit qu'une fille qui entra au couvent. La Thaumassière (XI-III) dit que le mariage de Gasparde de Chevrier avec Claude de Laubespine précéda l'union qu'elle contracta avec Henri de la Châtre. Nous croyons que c'est une

C'est uniquement par le troisième mariage de la veuve de Jean-Timoléon de Beaufort que nous sommes ramenés dans les environs du château de l'Isle. Et cependant les murailles du manoir des du Mas éprouvaient le contre-coup des guerres qui désolaient cette province. Déjà, en 1569, le pays avait été ravagé, pillé et incendié par les reîtres du duc de Deux Ponts qui, à quelques centaines de mètres du château de l'Isle, avaient brûlé toute une partie de l'église Saint-Martin de Touchay, mais il semble qu'à cette époque, aucun fait de guerre ne se soit passé sous les murs de l'Isle. Il n'allait pas en être longtemps de même : peu de temps après la mort de Jean de Beaufort dans le combat de Saint-Ouen, le château qui devait appartenir encore à la famille du ligueur était compté au nombre des places du Berri qui tenaient pour le roi. Jean-Timoléon de Beaufort s'était-il déjà rallié au parti de Henri IV? Cela ne semble pas probable s'il faut en croire les historiens qui le font commander la Ligue en Auvergne en 1592, après la bataille d'Issoire [1].

Ce qui est plus probable, c'est que ne s'occupant pas de son château de Berri, il l'avait laissé à la garde d'un

erreur. Nous avons en effet sur les registres paroissiaux de la commune de Touchay (V. notre étude précitée, p. 22) relevé « Gasparde Chevrière, espouse du seigneur de Châteauneuf » marraine de Philippe de Brosse le 22 septembre 1637.

V. aussi Bibl. Nat. f. fr. ms. 24,005, p. 209 où on trouve la confirmation de ce que nous avançons.

1. V. Président IMBERDIS déjà cité. Mais cette histoire contenant quelques faits certainement inexacts, nous nous demandons s'il n'a pas été fait confusion avec quelque autre membre de la famille de Canillac. Nous ne donnons cette opinion que sous la plus extrême réserve.

intendant ou même d'un simple fermier, et que celui-ci ne crut pas devoir faire bande à part au milieu du mouvement qui se produisait dans la province en faveur du roi et de son gouverneur, M. d'Arquian, qui avait remplacé M. de la Châtre après que celui-ci eut publiquement rompu avec Henri IV. Il y eut à ce moment une incessante guerre d'escarmouches dans tout le pays, prises et abandon des moindres places ou châteaux, attaques à main armée, pillages, incendies, faits de guerre de toutes sortes qui causèrent une ruine et une désolation générales. C'est ainsi qu'en 1591, Claude de la Châtre, qui venait d'être obligé de lever le siège d'Aubigny, résolut, pour se venger de son échec, de porter la guerre sur les confins du Bourbonnais. A la tête d'une petite armée, muni de deux canons et d'une couleuvrine, il se rendit à Saint-Amand, reçut sans résistance la soumission de Linières et se dirigea vers Le Châtelet qu'il s'apprêtait à occuper lorsqu'il apprit que M. d'Arquian arrivait au secours de cette place avec 1,200 chevaux. Il dut se réfugier à Châteaumeillant et mettre son artillerie à l'abri du formidable donjon de Culan. Mais entre Linières et Le Châtelet, le 8 janvier 1591, il avait été arrêté par le château de l'Isle. La place était forte ; elle était entourée de larges fossés qu'alimentait, au moyen d'une ingénieuse canalisation, la rivière l'Arnon ; de plus elle avait d'épaisses murailles et, à travers ses courtines un système de ponts-volants, servant de murs de ronde, qui rendaient la défense plus mobile.

L'artillerie de M. de la Châtre devait être impuissante à faire brèche dans ces gros murs, et la position de la rivière rendait impossible l'établissement des canons devant la porte d'entrée. Il fallut qu'un homme du pays, le nommé Tixier, habitant le village voisin de Malleraye, s'avançât seul probablement par surprise, jusqu'à la porte, et y attachât un pétard[1] pour que, par une explosion dont la trace est encore visible aujourd'hui, l'accès fût ouvert aux assiégeants. M. de la Châtre fit détruire les remparts du château et poursuivit sa route[2].

Que devint le château de l'Isle à la suite de cette guerre ? Quels furent ses seigneurs ? Pendant une période de plus de trente ans les documents nous font défaut.

IX

MAISON DE VARIE — ORIGINE — RENÉ DE VARIE. GÉNÉRAL MILLET — PHILIPPE DE VARIE ET SES FRÈRES. LE CHATEAU DE L'ISLE PENDANT LA PESTE DE LINIÈRES 1638.

Nous ne savons à quelle date ni comment la terre de l'Isle sortit de la maison de Beaufort-Montboissier-Canillac ; mais, au commencement du XVIIe siècle, elle était entre les mains des Varie, et René de Varie en était qualifié seigneur.

1. Ces pétards qui furent en fréquent usage pendant les guerres de religion étaient de petits canons qu'on accrochait aux portes des places fortes pour les défoncer. Un engin semblable servit en 1589 à la prise de Dun-le-Roi. V. *Hist. de Dun-le-Roi*, par Paul Moreau. I, p. 341. note 1.

2. Extrait des *Mémoires* de M. Dupré et de M. Pelletier précités. — Arch. du château de l'Isle. — Pierquin de Gembloux, *loc. cit.*, Raynal *Histoire*, IV, p. 173 et suiv.

Cette famille n'était pas étrangère au Berri. L'arrière-grand-père de ce nouveau seigneur de l'Isle, Guillaume de Varie (ou Varye) avait joué un certain rôle dans l'administration des finances de Charles VII. Principal facteur de l'argentier Jacques Cœur, il avait été le bras droit de ce dernier dans un grand nombre d'opérations financières et il semble en outre qu'il ait, à l'exemple de son maître, traité nombre d'affaires personnelles avec les favoris du roi, ce qui l'entraîna dans la chute de Jacques Cœur [1], aussi fut-il lui-même emprisonné et ses biens furent-ils vendus en même temps que ceux de l'argentier en 1453 [2], mais il eut la chance de ne pas mourir en exil, et il put profiter de la réhabilitation que le roi accorda à la mémoire de Jacques Cœur, qui n'atteignit que les enfants de ce dernier, mais dont Varie sut profiter en personne [3], en 1457. Il semble même que sous Louis XI, il devint favori de la cour : nous le voyons bailli de Touraine, général des finances, commis au fait des affaires de la chambre du roi, seigneur de l'Isle-Savary [4]. Il avait épousé Charlotte de

1. V. à ce sujet l'Inventaire des papiers de Jacques Cœur : *Jacques Cœur et Charles VII*, par Pierre Clément, pièces justificatives.

2. Par une lettre du 1er juin 1453. Charles VII commet Jean Briçonnet pour vendre les biens appartenant à Jacques Cœur et à Guillaume de Varie son principal clerc. Arch. Nat. P 1,358[3] cote 585.

3. Pierre Clément, *loc. cit.* — Raynal, III, p. 53 et 79.

4. Ne pas confondre l'Isle Savary (départ. de l'Indre) avec l'Isle-sur-Arnon. Anselme, *loc. cit.* — La Thaumassière (l. XII) donne de la famille de Varie une généalogie qui contient plusieurs erreurs ; nous le rectifions dans ce qui suit en nous appuyant de Bibl. Nat. ms. fond Bourrée n° 20,496, n° 4.

Bar et avait donné naissance à une lignée qui contracta les plus nobles alliances [1].

Entre autres enfants, il eut Guillaume II, mort vers 1543 [2], qui, de sa femme Isabeau Frotier, eut un fils Charles marié à Renée de la Barre. De ce mariage naquirent entre autres deux fils : Jean, chevalier, vicomte de Bridier, qui continua la branche des seigneurs de l'Isle-Savary, et René que nous trouvons qualifié de « seigneur de la Lande, Puybouillard et de l'Isle-sur-Arnon » [3] et qui épousa en premières noces N. de la Forest des Sablettes et ensuite Gabrielle de Grailly.

§

C'est sans doute René de Varie qui succéda à la maison de Beaufort dans la possession de la terre de l'Isle, mais il ne posséda pas longtemps cette seigneurie, du moins d'une façon intégrale ; en effet par contrat du 20 mars 1600 il constitua une rente sur sa terre de l'Isle au profit de Jean Penot, avocat de Bourges, puis il en vendit ou en engagea une portion à Me Mathurin, procureur fiscal à Lignières, et à Pierre Algret, marchand à Touchay [4]. L'Isle, ou partie de l'Isle, aurait été également à cette époque entre les mains d'un certain général Millet [5].

1. Varie porte de gueules à 3 casques de profil d'argent 2 et 1.

2. Bibl. Nat. ms. f. fr. 22.270, p. 126 et 24,048, p. 343, qui complètent celui cité ci-dessus.

3. Bibl. Nat. ms. cité ci-dessus.

4. Archives du Cher, E, 4.838 ; mém de Silvain Roze, notaire à Bourges, registre, fo IIIIxx-xviii. C'est à une obligeante communication de M. le vicomte Ch. de Laugardière que nous devons ce renseignement.

5. Ms. de M. L. Pelletier et de M. Dupré, *loc. cit.*

C'était probablement Daniel Millet, d'abord huguenot en 1589, puis trésorier général de France, conseiller du roi, élu maire de Bourges en 1607[1].

Cependant nous retrouvons l'Isle d'une façon certaine entre les mains des fils de René de Varie qui y habitèrent. Celui-ci avait eu au moins trois fils, Philippe, Hugues et Silvain et une fille, Gilberte, qui épousa Louis de la Brosse, seigneur du Poirier et mourut après 1654 : Hugues ne semble pas s'être marié ; Silvain, seigneur de la Lande-Saulzay contracta vraisemblablement deux alliances : l'une avec Antoinette de Bar qui lui apporta la terre de Saint-Loup, en septembre 1605, et la deuxième avec Barthélemye de Muriat. Quant à Philippe il fut seigneur de l'Isle-sur-Arnon et de la Brosse ; il épousa en premières noces Marguerite Morne, puis en deuxièmes noces, le 10 novembre 1635 (?)[2], Louise de la Châtre, fille de son voisin René de la Châtre, seigneur du Plaix[3], et de Marguerite Porte, fille du seigneur de la Bayarderie. Sa résidence habituelle était son château de l'Isle ; c'est ainsi que nous le voyons, en 1629, parrain d'une cloche dans l'église de Saint-Jean-de-Touchay[4]. De ses deux femmes il n'eut

1. V. Lettres du maréchal de La Châtre au Duc de Nevers du 22 mars 1589 et aux maire et échevins de Bourges du 30 avril 1608. (*Mémoires de la Société Historique du Cher*, 4e série, Xe volume, pages 26 et 204). — LA THAUMASSIÈRE, III, XV.

2. LA THAUMASSIÈRE. *ibid.*

3. Le château du Plaix est situé sur les bords de l'Arnon à quelques kilomètres du château de l'Isle.

4. Le 14 mars 1629, baptême de la petite cloche de Saint-Jean « parrain noble homme Philippe de Varie, seigneur de l'Isle », marraine Magdeleine de Bethoulat. Arch. de l'État civil de Touchay. V. notre notice sur ces actes paroissiaux, *loc. cit.*, p. 7, 10 et 29.

point d'enfant, cependant aux actes de la paroisse, nous avons trouvé, à la date du 21 avril 1636, peu de temps après son second mariage, le baptême de Marie, fille de « Philippe de Varie, seigneur de l'Isle et de Marie Allegret[1] ». Les mœurs étaient sans doute faciles à l'époque.

Les frères de Philippe devaient habiter également l'Isle, car le 1er mai 1634, nous relevons le baptême de « Hugues, fils de noble Silvain de Varie et de demoiselle de Muriat », le parrain est « noble homme Hugues de Varie et la marraine Anne de Chevry, dame de Moulin-Porcher ». L'acte est signé : « Deuarie Dechevry[2] ».

§

Ces seigneurs étaient hospitaliers, s'il faut en croire la légende. Une terrible épidémie de peste avait éclaté dans le Berri en 1628, et le fléau sévissait à Bourges, Issoudun, La Châtre, Saint-Amand, avec une intensité accablante. Les habitants de Linières éperdus firent alors le vœu d'envoyer une députation en pèlerinage à Notre-Dame de Liesse, au diocèse de Laon, et d'y offrir un présent à la Vierge s'ils étaient préservés de la contagion[3]. Ce vœu fut exaucé et Linières miraculeusement préservé. Mais dix ans plus tard la peste

1. *Extrait des actes paroissiaux de Touchay*, ibid.
2. *Extrait des actes paroissiaux*, ibid.
3. Un procès-verbal de ce vœu existe encore dans l'étude de Me Durand, notaire à Lignières. Nous en avons vu une copie dans l'Histoire manuscrite de M. l'abbé Périgaud. C'est d'ailleurs à ce manuscrit que nous empruntons les détails qui suivent sur la peste de 1628-1638.

(c'était ce que nous appelons aujourd'hui la peste bubonique) reparut et ravagea de nouveau toutes les localités voisines. Le seigneur de Linières, qui était alors Philippe de Brichanteau, avait fait défense de recevoir dans la ville les étrangers arrivant des lieux contaminés. Cette sage précaution ne fut malheureusement pas ponctuellement exécutée, et la chronique raconte qu'un taillandier de Saint-Baudel, dont plusieurs domestiques étaient morts de l'épidémie, vint chercher un asile à Linières et y apporta la contagion[1]. L'épouvante s'empara de tous et en moins de deux jours, la ville fut abandonnée. « La plupart des « habitants se réfugièrent dès lors au château de « l'Isle[2] en juillet 1638, où l'hospitalité leur fut « donnée; les autorités elles-mêmes se rendirent dans « les environs du château et le bailly tint pendant « quelque temps ses audiences de justice à Touchay[3]. »

§

C'est vers la même époque qu'un des frères du seigneur de Linières, Philibert de Brichanteau, 81e évêque

1. Ce taillandier « nommé Lacofrette » fut reçu à Linières chez Aline au grand faubourg, aussitôt le fils et le valet de ce dernier sont frappés par la maladie. Le fils de Jean Cormier qui demeurait à la métairie de Barbauçois, étant venu avec son frère visiter Lacofrette, mourut aussitôt et fut enterré derrière le four de la métairie. Le mal s'étendit dès lors de maison en maison et en peu de jours il mourut 15 à 20 personnes à Linières ou dans les environs. Abbé Périgaud, ms. cité.

2. Notes ms. de M. Pelletier, archives du château de l'Isle.

3. Abbé Périgaud, *Histoire manuscrite*, loc. cit.

de Laon[1], vint au château de l'Isle et y consacra plusieurs pierres d'autel, dont l'une sert encore au culte dans la chapelle du château[2]. On y lit cette inscription :

« *Altare hoc portabile consecratum est ab Mgr D. D.*
« *Philiberto de Brichanteau Laudunensi episcopo in*
« *castro* (ou *castello*) *de l'Isle die* 23 *Aprilis* 16... *ac*
« *super illud ipse die celebravit.* »

X

CHARLES DE LONGUEVAL, SEIGNEUR DE L'ISLE.
ANTOINE DE VILLENEUVE, MARQUIS DE TRANS.
SECOND SIÈGE DU CHATEAU DE L'ISLE.

Nous ne saurions déterminer d'une façon exacte à quelle époque les Varie quittèrent l'Isle. Après eux, les représentants de deux illustres familles posséderont cette seigneurie, les Longueval et les Villeneuve Trans.

Les différents manuscrits locaux, que nous avons cités dans le cours de cette étude, rapportent qu'à la mort de Philippe de Varie, le sieur de la Brosse fit l'acquisition de la seigneurie de l'Isle[3]. Or, en 1648,

1. Philibert de Brichanteau, évêque de Laon, après son frère Benjamin, fut exilé de son diocèse par la volonté du Cardinal de Richelieu et vint mourir en Berri le 12 janvier 1652. Il fut inhumé dans l'église de Meillant. — *Gallia christiana*, X, 502. — MORERI.

2. Cette pierre a été restituée au château de l'Isle, il y a quelques années, par l'intermédiaire de M. l'abbé Périgaud.

3. PELLETIER, ms. cité. — DUPRÉ, ms. cité.

nous voyons, dans les actes de la paroisse de Touchay, le baptême d'un enfant Bardelot dont est parrain : « haut et puissant seigneur Charles de Longueval, « écuyer, seigneur de la Brosse[1]. » L'acte ne donne pas le nom de seigneur de l'Isle au parrain, qui, probablement à cette époque, ne l'était déjà plus; mais l'étude de la généalogie de cette famille prouve, sans réplique, que Charles de Longueval posséda cette seigneurie.

La maison de Longueval de Picardie était une des plus anciennes du royaume; elle portait : bandé de vair et de gueules, depuis Walter de Longueval, surnommé le Dragon, brave chevalier qui, combattant contre les Sarrasins, avec les seigneurs de Coucy et de Châtillon, coupa son manteau d'écarlate fourré de vair et le partageant avec ses compagnons pour en faire un emblème de ralliement, le disposa en fasce sur l'écu de Châtillon, en pal sur celui de Coucy et en bande sur le sien[2].

La famille de Longueval se divisa en plusieurs branches dont l'une, celle des seigneurs de Tenelle et de Vaux, suivit la fortune du duc de Bourgogne et resta ensuite attachée à la Maison d'Autriche : quant à la branche cadette, celle des seigneurs de Haraucourt, elle donna naissance à Philippe de Longueval, seigneur de Cresmail-Haraucourt, maître d'hôtel ordinaire de François Ier, qui, marié avec Suzanne de

1. Notes. *Extrait des registres paroissiaux de Touchay*, déjà cité. p. 12.
2. Bibl. Nat. ms. f. fr., 32. 469. V. aussi La Chesnaye-Desbois, *loc. cit.*

Vignancourt, dame de Manicamp, eut plusieurs fils : l'aîné qui eut sa postérité, et le plus jeune Charles qui fut marié à Louise de Buz[1], fille du seigneur de Villemareuil « ce qui le fit père des seigneurs de Crécy, de « Gury et de l'Isle, sur lesquels, dit le document[2] qui « donne ces détails, nous n'avons pas de mémoires. » Nous nous trouvons donc certainement en présence de l'auteur du titulaire de la seigneurie de l'Isle, mais nous n'avons pas d'autres renseignements sur ce dernier[3].

§

Quelle que soit la date à laquelle l'Isle fut à Charles de Longueval, en 1644, il appartenait à la famille de Villeneuve Trans. Un acte de baptême de cette date nous indique comme parrain d'un enfant N... « haut « et puissant seigneur Messire Anthoine de Villeneuve « marquis de Trans, seigneur de l'Isle[4] » et les différents textes s'accordent à dire que cette propriété commença en 1645[5]. Cependant à la suite de l'acte de baptême que nous citons, nous lisons après la signa-

1. Anselme, VIII, 136. — Baron Trouvé, *Histoire de Jacques Cœur*, p. 178.

2. Bibl. Nat. ms. f. fr., 32,469, précité.

3. Les armes de Longueval, telles que nous venons de les décrire sont également données par l'*Armorial général* de d'Hozier, province de Bourges, avec la désignation de N., marquis de Longueval.

4. V. notre étude précitée p. 11.

5. Buhot de Kersers, *loc. cit.* — *Mémoires inédits pour servir à l'histoire de la ville et des seigneurs de Linières*, par Gilles le Duc et L. J. B. Dupré, publiés par Lucien Jeny. Bourges 1890, p. 152. — Dupré, ms. cité. Pelletier, id.

ture « Trans » celle de « Vary » ; cette dernière famille était donc restée attachée au pays.

Anthoine de Villeneuve, marquis de Trans, appartenait à une ancienne maison de Provence, dont l'origine remonterait à un cadet des comtes de Barcelone, rois d'Aragon. L'un de ses membres Louis de Villeneuve connu du vivant de son père sous le nom de Serenon, commanda l'armée navale et fut, sous Louis XII, deux fois ambassadeur à Rome ; aussi pour prix de ses services, le roi érigea sa baronnie de Trans en marquisat, en 1505. C'est la première terre de France décorée de ce titre avec enregistrement au Parlement [1].

Anthoine de Villeneuve, marquis des Arcs, puis marquis de Trans, par héritage de Jean de Villeneuve marquis de Trans, seigneur de Flayoses en 1626, était troisième fils d'Arnaud de Villeneuve, baron des Arcs et d'Élisabeth de Halluin. Il naquit à Paris où il passa sa première jeunesse. Ayant d'abord eut l'idée de se faire recevoir chevalier de Malte, il abandonna ce projet et épousa, en 1624, demoiselle Gabrielle du Mas de Castellane, fille d'Alexandre du Mas, baron d'Allemagne et de Marthe d'Oraison qui, plus tard, fonda la maison des Capucins de Marseille où elle mourut en odeur de sainteté.

Nous avons vu [2] que Nicolas du Mas, dernier seigneur de l'Isle, hérita en 1558, de son oncle Melchior de

1. ROBERT DE BRIANÇON, *État de Provence*, III, p. 242. — MORERI. — Les armes des Villeneuve Trans sont : de gueules, fretté de six lances d'or et semé dans les claires-voies d'écussons de même; sur le tout, d'azur, chargé de fleurs de lys d'or.

2. V. plus haut, p. 55.

Castellane, baron d'Allemagne, à la condition de porter le nom et les armes de cette maison. La femme d'Anthoine de Villeneuve devait être la petite fille de Nicolas du Mas. Était-elle hantée du désir de revoir le Berri, berceau de ses ancêtres? Il est assez curieux de retrouver ce vieux donjon, après des vicissitudes bien diverses, retourner aux mains de ceux qui lui avaient donné un instant de célébrité. Il semble d'ailleurs que c'est en propre à la marquise de Trans qu'ait appartenu le château de l'Isle. Nous voyons en effet que c'est en faveur de « la dame de l'Isle » qu'est rendue, le 22 août 1666, une sentence de la conservatoire de Bourges attributive des dîmes de la paroisse de Saint-Christophe[1].

Anthoine de Villeneuve mourut en 1672 sans laisser d'enfants[2] et sa veuve vendit ou donna l'Isle ainsi que nous le verrons, à Henry de Mousnier, écuyer, seigneur de Meslan[3].

§

Mais pendant cette période de temps, l'époque troublée de la Fronde n'avait pas été sans laisser de nouvelles traces sur les murailles de la forteresse.

Condé venait de se déclarer ouvertement contre la cour, et il avait résolu de concentrer une partie de ses troupes dans la puissante place de Montrond pour

1. Arch. du Cher, E 802.
2. Nous devons une partie des renseignements qui précèdent à l'obligeante communication qui nous a été faite par M. le marquis de Villeneuve Trans.
3. Pelletier, ms. cité. — Dupré, id.

résister à M. de Saint-Aignan, duc de Beauvillier, qui commandait pour le roi en Berri. Il y enferma donc une importante garnison commandée par ses plus fidèles, Bussy de Rabutin, qui devait cependant bientôt réintégrer l'armée royale, Chavagnac, Tavannes, et surtout François de Vaudetar, marquis de Persan.

M. de Saint-Aignan s'avançait donc vers Montrond en prenant les châteaux qui se trouvaient sur son passage ; c'est ainsi qu'il s'empara de Vouillon, de Bommiers et de Pruniers. Pour répondre à ces succès, Persan dépêcha dans le tout voisinage des partis de soldats, afin de ravager le pays et se rendre maître des places importantes. C'est ainsi qu'il fit une tentative sur Dun-le-Roy et alla même jusqu'à Baugy dont il s'empara. Une de ces expéditions fut dirigée au mois de juillet 1650 contre le château de l'Isle, elle se composait d'un détachement assez important, traînant avec soi de l'artillerie. Le château avait sans doute été réparé depuis l'assaut qu'il avait eu à soutenir contre la Châtre, car il fallut faire un siège en règle. Les canons, suivant la tradition, furent mis en batterie au sud ou au sud-ouest du château, défilés dans un fossé que l'on montrait il y a quelques années, et les traces des boulets qui sont encore marquées sur la façade sud du donjon, prouvent que c'est par là que fut dirigée l'attaque. Une brèche fut ouverte de ce côté, et à onze heures du soir les assiégés devaient se rendre. Les *Condéistes* occupèrent alors la place et se mirent en devoir de la démanteler. Ils passèrent plus de huit jours à ce travail ; une grosse tour fut rasée, on en voyait encore les vestiges il y a quelques années ; toute la partie Est du château fut démolie et enfin, pour achever leur œuvre de destruction les vainqueurs allumèrent un incendie qui détruisit la moitié de la place. Une inscription gravée probablement par un soldat, sur la muraille intérieure d'une tour et qui est religieusement respectée, donne à ces faits une authenticité réelle. La voici, telle qu'on peut encore la lire.

« Cette place a été prise le XIII juillet 1650 à XI heures de nuict et brûlée le XXVI du mesme mois par les Condéistes[1] ».

Quelques semaines après, la paix de Bordeaux venait mettre un semblant d'accord entre les combattants du Berri. L'article IV de ce traité du 30 octobre 1650 porte : « Tous les châteaux occupés par les dites troupes de « part et d'autre, comme ceux de Beaugy, Saint-Flo- « rent, Bommier, Culan, le Châtelet, les Barres et au- « tres seront remis entre les mains de ceux qui les « avaient auparavant et les garnisons retirées de part « et d'autre. » Le sort de l'Isle dépendait évidemment de l'exécution de ce traité qui, on le sait, ne fut pas appliqué, car le véritable siège de Montrond par Palluau ne devait commencer que l'année suivante. Les combats allaient reprendre sous les tours du château de l'Isle, mais si la place démantelée n'offrait plus de retraite aux combattants, le souvenir du dernier siège avait suscité des passions belliqueuses chez les habitants de Touchay, à tel point que dans différentes rencontres

1. V. aussi Pierquin de Gembloux, *loc. cit.*

qui eurent lieu aux alentours, ils se montrèrent les plus acharnés et aussi les plus rusés, car la légende rapporte « qu'ils avaient appris l'art d'ensorceler l'ennemi dont « ils savaient charmer les armes » ce qui leur donnait tout naturellement l'avantage[1].

XI

LES MONNIER DE MESLAN, SEIGNEURS DE L'ISLE. HENRY DE MONNIER. — LOUIS DE MONNIER.

Les mémoires du temps, que nous avons cités[2], disent que la veuve du marquis de Trans, Gabrielle du Mas de Castellane, n'ayant pas d'héritiers directs, vendit ou donna la seigneurie de l'Isle à Henry de Mosnier ou de Monnier. L'hypothèse de la donation n'est pas invraisemblable, car la famille de celui-ci n'était pas étrangère aux du Mas.

La maison de Monnier, des seigneurs de Meslan ou de Chateaudreuil, était originaire de la ville de Moustier

1. *Mémoires inédits* publiés par M. Jeny, *loc. cit.* — Le ms. de M. Pelletier parle d'un autre siège du château de l'Isle qui aurait eu lieu en 1676 « par les partisans du duc d'Enghien et « auquel auraient pris part les seigneurs de Cluis, du Broux et les « chevaliers d'Orqué et de Rhodes, » siège également suivi d'incendie. Peut-être faut-il voir là l'indice d'une entreprise faite en 1616, sous la régence de Marie de Médicis, pendant les troubles qui précédèrent le traité de Loudun, alors que Louis de la Châtre chargea M. de Rhodes de surveiller le Berri contre les tentatives du prince de Condé : il aurait, disent les manuscrits précités, fait occuper le château de l'Isle par le capitaine d'Almont. Les renseignements précis nous manquent.

2. Ms. de Pelletier et de Dupré.

en Provence[1]. Elle remonte à Antoine Monyer, écuyer de la ville de Moustier en 14... La seigneurie de Meslan lui fut acquise par suite du mariage contracté vers 1495 entre Honoré de Monnier et Philippine de Barres, une des filles de Philippe de Barres, seigneur de Meslan et de Thoard, chambellan de Charles VIII et marquis de Vintimille[2]

A la septième génération, nous trouvons Jean, seigneur de Meslan, fils d'Armand de Monnier, président de la chambre des comptes en 1605, et de Marguerite de Garnier ; il fut lui-même reçu conseiller aux comptes en 1625, testa en 1637 et épousa Marguerite Sauvin, fille de Pierre Sauvin, seigneur de Chailar en Dauphiné, maréchal de camp, et de Jeanne de Grasse, fille du baron d'Allemagne ce qui l'alliait à la marquise de Trans. Toujours est-il qu'il eut un fils nommé Henry que nous retrouvons à l'Isle avec le titre de seigneur de cette terre, et qui y habitait même en 1684, car nous voyons le 10 septembre de cette même année « noble « Henry de Monnier, chevalier seigneur de Meslan et de « l'Isle » parrain de Marie Dubois, fille du fermier de cette terre[3]. Il avait même fondé quelques mois auparavant en 1683, une messe à dire tous les vendredis « dans la chapelle de l'Isle, située en plein nord de

1. Porte d'azur à un griffon d'or, accompagné de trois croissants d'argent, un en chef et deux en pointe mal ordonnés ; supports deux aigles d'or ; cimier un griffon naissant de même.

2. Rappelons cette coïncidence que la veuve de Timothée du Mas, épousa François de Vintimille en 1577. V. plus haut, p. 55.

3. V. notre *Extrait des registres paroissiaux de Touchay*, p. 13 et 18. — Henri de Monnier est aussi qualifié de seigneur de Thoard. *Dictionnaire de la noblesse* de DUCHESNE (MDCCLXXI).

« l'église (St-Martin) de Touchay, moyennant un bois-« seau de blé-seigle dont le pain serait distribué aux « pauvres[1]. »

Henry de Monnier avait épousé Catherine de Chaix, fille de Jean de Chaix, auditeur à la cour des comptes, et de Catherine de Bourdon, qui lui donna trois fils et une fille : Catherine, abbesse de Sainte-Catherine d'Apt; — N. religieux réformé; Laurent Henri, officier d'infanterie, qui a laissé des enfants près de Courtenay où il s'était établi, au lieu dit Saint-Pierre. Enfin l'aîné était « Jean Louis de Monier Melan, seigneur de l'île en Berry ». Il servit également en qualité d'officier d'infanterie et épousa à Crest en Dauphiné Marie-Anne de Bruyère des seigneurs de Vaumon et de Chateauvieux, dont il n'eut qu'une fille qui s'allia en 1725 à Jean-Joseph de Forges, seigneur de Rousset[2].

XII

LES GOUGENOT DES MOUSSEAUX, SEIGNEURS DE L'ISLE. — GEORGES GOUGENOT. — L'ABBÉ GOUGENOT. PIERRE GOUGENOT. — ADRIEN GOUGENOT.

En 1722 la terre de l'Isle fut acquise par messire Georges Gougenot, écuyer, secrétaire du roi « seigneur de

1. Ms. de M. Pelletier, *loc. cit.* L'auteur ajoute qu'à la même époque Giraudon était juge de la justice de l'Isle.

2. *Dict. de la noblesse* de Duchesne (MDCCLXXI). — *Histoire héroïque de la noblesse de Provence*, t. II, p. 147. — Robert de Briançon, *état de Provence dans sa noblesse*, t. II, p. 394.

Croissy et de Lille[1], fils de Didier Gougenot (1642-1701). Il appartenait à une bonne noblesse de robe[2] et était originaire de Paris où nous le voyons, de père en fils, habiter un hôtel de la rue de Condé sur la paroisse Saint-Sulpice[3]. Lui-même était un homme prudent, de bon conseil, sachant administrer ses affaires avec discernement et intelligence ; aussi ses qualités le mirent-elles en évidence et il fut désigné, avec le titre de conseiller secrétaire du roi, pour être d'abord « tuteur onéraire « des enfants du Régent et plus tard de Louis-Joseph « de Bourbon, prince de Condé[4]. »

Il épousa Michèle Ferouillat et eut plusieurs enfants : Catherine, née le 22 septembre 1715 ; Michelle Geneviève, née le 28 octobre 1716 ; Georges Jean, né le 24 septembre 1717 ; Louis, né le 13 mars 1719 ; Angélique Catherine, née le 7 février 1720 ; Georges, né le 13 juin 1721 et Antoine Pierre, né le 29 octobre 1724.

Le nouveau seigneur de l'Isle habita certainement sa terre, avec sa famille, pendant les instants de loisir que lui laissaient ses occupations. Plusieurs appartements

1. V. notre *Extrait des registres paroissiaux de Touchay*, p. 13. — Mémoire au Parlement signifié pour dame Françoise Dubois contre messire Georges Gougenot seigneur de l'Isle en Berri. C'est M. le baron Corvisart qui a eu la gracieuseté de nous faire don de cette pièce que nous avons déposée dans les archives du château de l'Isle.

2. Porte d'azur au chevron brisé d'or, accompagné en chef de deux croix de Malte d'argent, et en pointe d'un poisson nageant sur une mer de même. Communiqué par feu M. Gougenot des Mousseaux.

3. Sandret. *Archives de la noblesse*, t. X, 1873. — Comte de Chastellux, *Notes prises aux Archives de l'État civil de Paris*, p. 304.

4. Louis Joseph de Bourbon, prince de Condé, né à Paris en 1725 et mort à Chantilly au retour de l'émigration en 1818.

situés dans la partie du château que l'on nomme le « Porche » ou le « Donjon », restaurés dans le goût de l'époque, avec des cheminées du style rocaille et chantourné, des boiseries Louis XV, des alcôves lambrissées, des portes à trumeaux, ont dû être aménagés par lui.

Sa présence est constatée à l'Isle le 7 octobre 1739 et il signait en qualité de parrain au baptême du fils de son régisseur « Claude Cuisinier » homme important dans le pays, seigneur de Jarry et de Preugnes et plus tard directeur des Contrôles[1]. La marraine est une fille du châtelain, Catherine Gougenot.

En 1746, nous le voyons encore faire exécuter, par son régisseur, des réparations dans l'église de Touchay, à la chapelle de l'Isle dédiée à saint Marc « et après « lesquelles, M. Demonville, supérieur du séminaire et « vicaire général du diocèse leva l'interdit dont avait « été frappée cette chapelle[2] ».

Bien qu'il eut un régisseur, il ne négligeait pas ses affaires; on le retrouve soutenant et gagnant plusieurs procès relatifs à sa terre de l'Isle, devant le bailli de la baronnie de Linières qui le qualifie de : « escuyer, sei- « gneur de l'Isle sur Arnon, conseiller secrétaire du « roy, maison couronne de France, pour son Altesse « sérénissime, Monseigneur le Duc[3]. Plusieurs de ces « jugements ne furent rendus qu'après sa mort, et ne « profitèrent qu'à ses descendants[4] ».

1. Notre *Extrait des actes paroissiaux de Touchay*, p. 13, 18, 19, 30.

2. *Ibid.*, p 30. — PELLETIER, ms. cité.

3. Louis, duc d'Orléans, fils du Régent, 1703-1752.

4. Jugement du 28 juin 1748 contre Michel Dubreuil laboureur et ses communs, concernant le droit d'affermer le pré de

Georges Gougenot devait, en effet, mourir le 10 juin 1748, laissant la terre de l'Isle à ses enfants.

§

Des trois fils de Georges Gougenot, Georges (IIe du nom) ne semble pas avoir eu des intérêts en Berri ; il fut nommé secrétaire du roi, seigneur de Croissy, épousa Marie-Angélique Véramy de Varennes, et créa une branche étrangère à cette étude. Ce fut Antoine Pierre qui devint seigneur de l'Isle, il y habita avec son frère Louis, lequel dut hériter d'une partie de cette terre, car c'est au nom de ce dernier que se poursuivirent certains des procès commencés par son père et que nous avons mentionnés plus haut. Un autre titre rattachait Louis Gougenot au Berri ; il était abbé commandataire de Chezal-Benoît, ce couvent de Bénédictins que nous avons vu être réformé par le vénérable Pierre du Mas.

Ce n'était d'ailleurs pas un esprit ordinaire que l'abbé Louis Gougenot. Son portrait peint par Greuze et ensuite gravé par Dupuis, nous le représente avec des traits légèrement accentués, avec une physionomie intelligente, fine, élégante, qui reflète les goûts d'un artiste et d'un délicat. D'une affabilité de commerce tout à fait séduisante, il avait su rallier toutes les sympathies, dans cette société raffinée où l'on comptait pour tout les grâces de l'esprit.

Seigueres pour garantir une créance ; du 22 juin 1750, contre Michel Hérault condamné à payer diverses rentes. — *Arch. du château de l'Isle.*

Sa première éducation fut dirigée en vue de lui faire suivre la carrière de la magistrature. Il devint en effet conseiller au Châtelet, puis conseiller au Grand Conseil où il acquit bientôt la réputation d'un magistrat intègre, éclairé, exact et laborieux. Mais ses penchants artistiques le poussaient ailleurs ; il demanda et obtint l'honorariat de sa charge et put se livrer avec plus de loisir à l'étude des beaux-arts où le portait son goût Il s'appliqua dès lors à apprendre les théories du dessin et à connaître d'une façon approfondie la mythologie et l'allégorie, sciences que la mode du XVIIIe siècle rendait indispensables, non seulement aux artistes, mais aussi aux gentilshommes qui protégeaient les arts. Il sut alors s'entourer des maîtres de la peinture et de la sculpture, les aidant de ses conseils, dirigeant leurs travaux et vivant avec eux dans le commerce le plus intime.

Il s'était lié avec le peintre Greuze et il entreprit bientôt avec lui un voyage en Italie, s'offrant d'être « le guide du peintre dans le pays des arts ». A l'époque, ce voyage n'était pas la banale et rapide promenade qu'ont vulgarisée les agences et les billets circulaires. C'était presque une expédition, dont les lenteurs des moyens de locomotion rendaient le profit intellectuel encore plus précieux. L'abbé Gougenot resta longtemps à Rome, et c'est là qu'il apprit que l'Académie des Beaux-Arts venait de l'admettre dans son cénacle, en témoignage des services qu'il rendait à Greuze.

De retour en France, le nouvel académicien se livra avec ardeur aux travaux de la noble compagnie, il prononça dans plusieurs séances et avec succès les éloges de Galloche, Oudry, Le Lorrain, Coustou et du

Vivier. Affectueux et affable envers ses collègues, il ne négligeait rien pour mettre son influence et sa bourse à leur service et l'on disait de lui « qu'il avait peu de connaissances et beaucoup d'amis[1] ».

Mais il ne négligeait pas le Berri où l'appelaient ses intérêts, et il avait, étant à Rome, sollicité pour la chapelle du château de l'Isle des reliques qui lui furent accordées par le Pape Benoît XIV, le 7 juin 1755. C'étaient des ossements des saints martyrs « Justus, Purpuratus, Pius, Probus, Humilié et Liberé » lesquels placés dans deux reliquaires furent solennellement déposés dans la chapelle du château le 28 octobre 1758, avec permission de l'archevêque de Bourges de les y exposer à la vénération des fidèles[2].

L'abbé Gougenot, car il portait « le petit collet » et outre son titre d'abbé de Chezal-Benoît, il avait celui de prieur de Maintenay, mourut le 24 septembre 1767[3], à Paris où il fut inhumé dans la chapelle de la rue des Cordeliers. L'académie des beaux-arts, en reconnaissance de ce qu'elle lui devait pria le sculpteur Pigalle de lui élever un monument qui se composait d'un buste en marbre, entouré d'ornements allégoriques et accompagné de chaque côté des médaillons de son père et de

1. V. *l'Éloge de l'abbé Gougenot* par Sallé. — Le nécrologue, *Paris*, 1768, h. 99.

2. Dans notre *Extrait des registres paroissiaux de Touchay*, p. 14, nous avons reproduit l'intéressant procès-verbal de cette cérémonie où figure la signature d'Antoine Pierre Gougenot écuyer, seigneur de l'Isle, secrétaire des commandements de Son A. le Prince de Condé, de Pierre Jacques Louvel, avocat au Parlement, greffier de la chambre des comptes de Paris et de plusieurs curés du voisinage.

3. Michaud, *Biogr. universelle*.

sa mère [1]. Ce buste a sans doute été détruit pendant la tourmente révolutionnaire ; quant aux deux médaillons, ils auraient été déposés dans le magasin du musée de Versailles [2].

§

Antoine Pierre Gougenot des Mousseaux, le châtelain de l'Isle, portait le titre de seigneur de l'Isle sur Arnon, Mallerays et autres lieux, il était conseiller du roi et fut nommé, en outre, sans doute à cause des services que son père avait rendus à ce prince, secrétaire des commandements de S. A. S. Monseigneur le prince de Condé.

Il fit dresser par Claude Cuisinier, son intendant, comme celui-ci l'avait déjà été de son père, un terrier de la seigneurie de l'Isle[3] qui englobait ou atteignait les localités de « La Nouë, Les Mousseaux, Mallerays, « Rezay, Les Forges et les Machounats, Les Jaux, « Saint-Hilaire, Touché, Ids-Saint-Roch. »

Antoine - Pierre Gougenot des Mousseaux avait épousé Zénobie de Court qu'il laissa veuve en 1763 avec la charge de deux enfants mineurs : Adrien, né le 12 avril 1761 et Antoine, le 19 juillet 1762. Ce fut sa veuve qui dut administrer les biens de ses enfants, et c'est ainsi que nous la voyons, le 9 juillet 1777, nommer bailli de la justice de l'Isle et de Mallerays, Jean-

1. DANGERVILLE. *Voyage pittoresque à Paris*, p. 306.

2. *Mémoires inédits sur la vie et les membres de l'Académie royale de peinture et sculpture*. Paris, Dumoulin, 1854, t. II, Instrum, p. XXXII.

3. *Livre terrier de l'Isle 1750-1754*. Archives du château.

Baptiste Durand, procureur à Linières, en considération de « ses capacités supérieures » et des services qu'il avait rendus à la famille [1].

§

Adrien Gougenot, chevalier des Mousseaux, seigneur de l'Isle, Mallerays et autres lieux, devait être avant la Révolution le dernier châtelain de cette terre. Il n'avait d'ailleurs pas vingt-cinq ans, lorsqu'éclata la tourmente et il partit pour l'émigration en 1792 [2].

Il venait d'affermer la terre de l'Isle le 19 septembre 1789 au sieur Alloncle de Laumoy, mais le contrat ne put être mis à exécution, ses biens furent confisqués et la seigneurie, en éxécution de la commission du district de Châteaumeillant, fut divisée par lots et mise en vente.

Le château, y compris la réserve, fut adjugé le 24 ventôse, an II, au citoyen Étienne Boulié dont la famille l'a gardé jusqu'en 1859, époque à laquelle il fut acquis par le propriétaire actuel [3].

François Deshoulières.

Juin 1897.

1. Archives du Cher. B 3,347, liasse 20.

2. Lié avec le général La Fayette, il avait reçu en cadeau de e dernier une carabine ; lorsqu'il partit pour l'étranger le chevalier Gougenot la cacha dans les murs du château de l'Isle. Cette arme n'a pu être découverte depuis. (Communiqué par feu le fils du Chevalier Adrien Gougenot des Mousseaux.)

3. Revenu de l'émigration le chevalier Gougenot des Mousseaux ne chercha pas à rentrer en possession de la terre de l'Isle. Il avait épousé Françoise Apolline Oudan, dont il eut un fils, Henri Roger, écuyer, gentilhomme ordinaire de la chambre né à Coulommiers le 22 avril 1805, mort en 186... sans laisser d'héritier mâle.

TABLE

Bourges. Imp. Tardy-Pigelet, 15, Rue Joyeuse.

GÉNÉALOGIE DES DU MAS, SEIGNEURS DE L'ISLE-SUR-ARNON

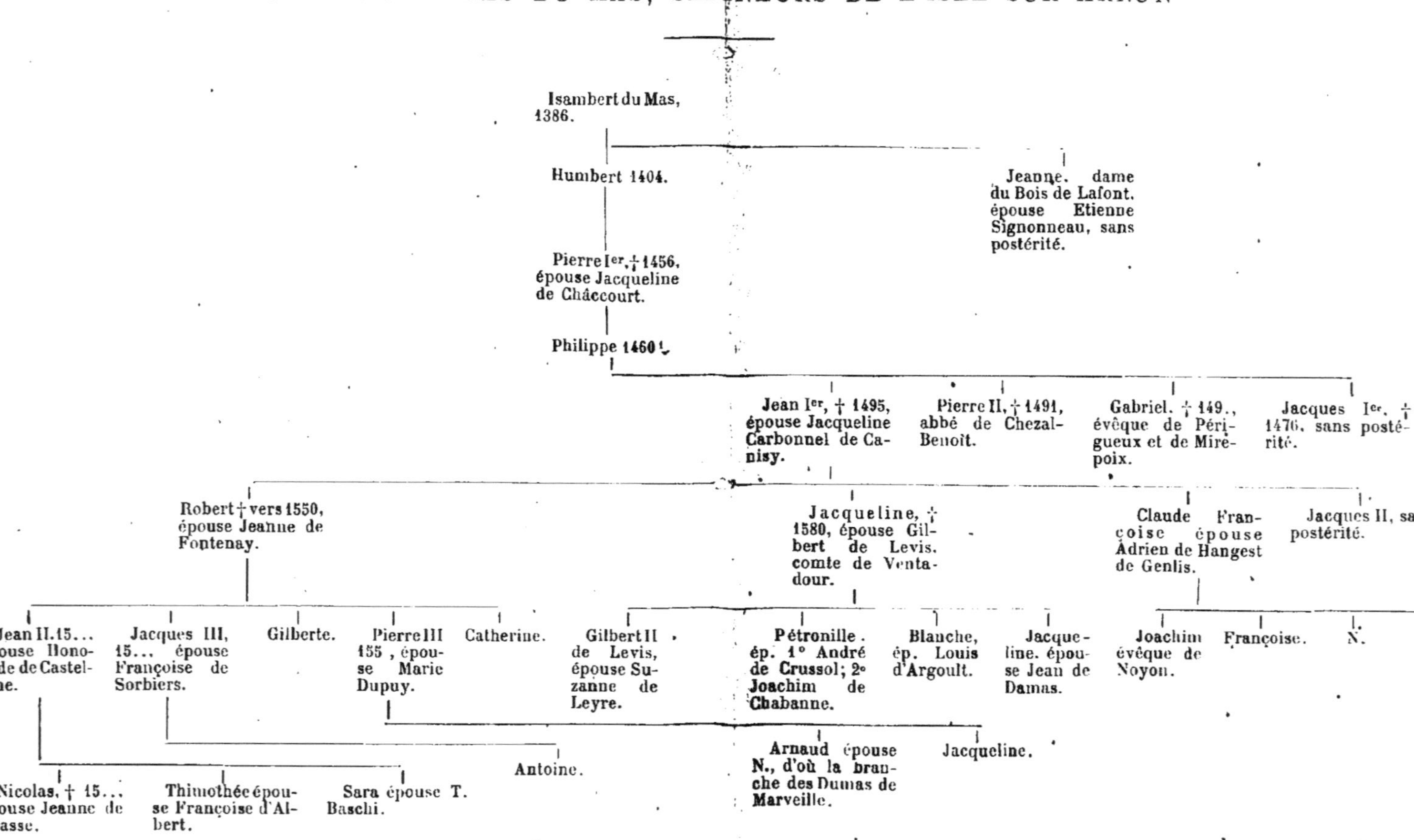

1. Nous ne saurions préciser si Philippe était le père le frère de Jean Ier et autres.

GÉNÉALOGIE DE LA MAISON DE VARIE

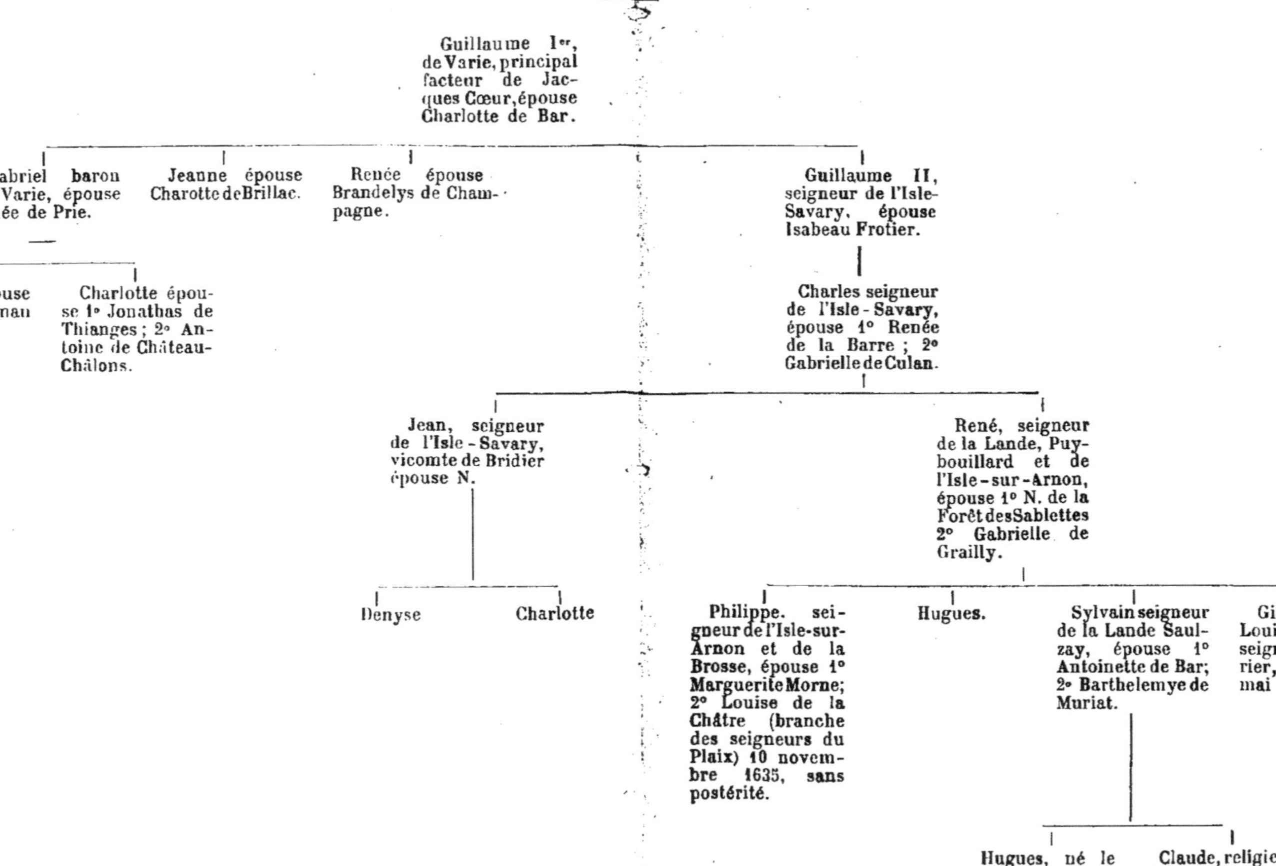

www.ingramcontent.com/pod-product-compliance
Lightning Source LLC
LaVergne TN
LVHW020353230826
846091LV00003B/1094